《아주 특별한 상식 NN-테러리즘》

테러리즘, 폭력인가 저항인가?

《아주 특별한 상식 NN-테러리즘》

테러리즘, 폭력인가 저항인가?

조너선 바커 | 아시아평화인권연대 이광수 옮김

이후

《아주 특별한 상식 NN》이란?

우리 시대의 핵심 주제를 한눈에 알게 하는 《아주 특별한 상식 NN》

이 시리즈는 2001년에 영국에서 처음 출간되기 시작했습니다. 'The NO-NONSENSE guide' 라는 이름을 갖고 있었으나 한국판을 출간하면서 지금 이 시대를 살아가는 우리가 꼭 알아야 할 '특별한 상식'을 이야기해 보자는 뜻으로 《아주 특별한 상식 NN》이란 이름을 붙였습니다. 세계화, 기후변화, 세계의 빈곤처럼 복잡하면서도 중요한 전 세계의 쟁점을 쉽게 이해할 수 있도록 기획된 책입니다.

각 주제와 관련된 주요 논쟁거리를 쉽게 알 수 있도록 관련 사실, 도표와 그래프, 각종 정보와 분석을 수록했습니다. 해당 주제와 관련된 행동에 직접 나서고 싶은 독자를 위해서는 세계의 관련 단체들이 어디에 있으며, 어떤 일을 하고 있는지 소개해 놓았습니다. 더 읽을 만한 자료는 무엇인지, 특별히 염두에 두고 읽어야 할 정보들은 어떤 것이 있는지도 한눈에 들어오게 편집했습니다.

우리 시대의 핵심 주제들을 짧은 시간에 쉽게 파악할 수 있게 도와주는 이 시리즈에는 이 책들을 기획하고 엮은 집단 '뉴 인터내셔널리스트New Internationalist'가 지난 30년간 쌓은 노하우가 담겨 있으며, 날카로우면서도 세련된 문장들은 또한 긴박하고 역동적인 책읽기의 즐거움을 느끼게 해 줄 것입니다.

다음 세대를 살아가는 데 알맞은 대안적 세계관으로 이끌어 줄 《아주 특별한 상식 NN》 시리즈에는 주류 언론에서 중요하게 다루지 않는 특별한 관점과 통계 자료, 수치들이 풍부하게 들어 있습니다. 이 시대를 살아가는 데 꼭 필요한 주제를 엄선한 각 권을 읽고 나면 독자들은 명확한 주제 의식으로 세계를 바라볼 수 있게 될 것입니다.

《아주 특별한 상식 NN》이 완간된 뒤에도, 이 책을 읽은 바로 당신의 손으로 이 시리즈가 계속 이어질 수 있기를 바랍니다.

《아주 특별한 상식 NN》, 어떻게 읽을까?

〈본문 가운데〉

▶ 용어 설명

본문 내용 가운데 특별히 중요한 용어는 따로 뽑아 표시해 주었다. 읽는이가 꼭 짚고 넘어가야 할 개념이나 중요한 책들, 사회적으로 의미가 있는 단체, 역사적 사건에 대한 설명 들이 들어 있다.

▶ 인물 설명

역사적으로 중요한 인물, 각 분야의 문제 인물의 생몰연도와 간단한 업적을 적어 주었다.

▶ 깊이 읽기

본문 내용을 이해하는 데 부차적으로 필요한 논거들, 꼭 언급해야 하는 것이지만 본문에서 따로 설명하지 않고 있는 것들을 적어 주었다.

▶ 자료

원서에 있던 자료를 그대로 쓴 것이다. 본문을 읽을 때 도움이 될 통계 자료, 사건 따위를 설명하고 있다.

〈부록에 실은 것들〉

▶ 본문 내용 참고 자료

원서에 있던 자료 가운데, 본문과 따로 좀 더 심도 깊게
들여다보면 좋을 것들을 부록으로 옮겨 놓았다.

▶ 관련 단체

해당 주제와 관련된 활동을 펼치는 국제단체를 소개하
고, 웹사이트도 실어 놓았다.

▶ 참고 문헌

더 찾아보고 싶은 자료들이 있다면 해당 주제와 관련된
정보를 친절하게 실어 놓은 부록을 통해 단행본, 정기간
행물, 웹사이트 주소를 찾아보면 된다.

▶ 함께 보면 좋을 책과 영화

이 책과 더불어 읽으면 좋을 책, 함께 보면 좋을 영화를
소개해 놓았다.

NO-NONSENSE

테러리즘, 어떻게 볼 것인가?

폴 로저스(Paul Rogers, 영국 브래드퍼드 대학 평화학 교수)

우리가 사는 세계는 위기로 가득 차 있고, 초국가적이고 다양한 문화적 단위로 강고하게 나뉘어 있다. 그 안에서 조너선 바커가 쓴, 매우 폭넓으면서도 놀랍도록 간결한 《아주 특별한 상식 — 테러리즘》은 뉴욕과 워싱턴에 대한 공격에 대해 복잡하게 그리고 때로는 폭력적으로 응전하는 것을 이해하는 데 매우 적절한 도움을 주고 있다.

테러로 치른 전쟁, 그 잔인한 9·11은 세상 전체를 발칵 뒤집어 놓았다. 미국과 연합 세력의 직접 군사 행동은 아프가니스탄에서는 전면전으로 나타났고 예멘, 파키스탄, 그루지야, 필리핀에서는 부분 행동으로 나타났다. 미국은 많은 나라들에서 일어난 반군을 지원했고 나아가 전 세계에 파급되는 법적 통제 수단을 강고하게 만들었다.

이러한 행동이 효과적이라는 근거는 없다. 오히려 지금 진행되고 있는 여러 지속적인 일들에 별다른 영향을 끼치지 못하고 있는 것으로 보인다. 알-카에다의 연계망, 수많은 연합 세력은 여전히 활동 중이고 그들에 대한 풀뿌리 차원의 지원은 아마 더욱 커져 갈 것이다.

미국은 자신의 군사력 확장을 과거 냉전 시기 정점 수준으로 키워 가고 있다. 그리고 적으로 간주되는 국가나 운동에 대해서는 무력으로 응징하는 것을 공개적으로 인정하는 정책을 새로이 받아들였다. 이란, 이라크, 북한, 시리아, 리비아, 쿠바 등과 같은 몇몇 국가들은 실제 '악의 축'에 크고 작게 관여하는 세력으로 간주되었다. 악의 축으로 간주된 나라들은 자유 시장 체제 안에 뿌리를 내리고 있는 전 지구 문명화의 지도자를 자처하는 미국 같은 나라들과 전쟁을 치를 작정을 하고 있다.

어떤 사람들은 테러를 통한 전쟁을 자포자기의 행동으로 본다. 하지만 다른 사람들은 그것을 파손된 지구적 체계에 대한 통제권을 다시 확보하기 위한 단호한 결정과 관계있는 것이라고 주장하는데, 이는 상당히 설득력을 가지고 있다. 선진국이 안고 있던 취약성은 뉴욕과 워싱턴에 대한 공격으로 여실히 드러나 버렸다.

사실이 어떠하든 간에 우리가 갖는 공통의 주제는 테러 집단을 분쇄하는 것에 있다. 그러면서 테러 집단의 저변에 깔려 있는 동기와 그들이 받는 상당한 지지에 대해서는 놀라울 정도로 관심을 보이지 않고 있다. 국가 테러에 관한 더 크고 심각한 문제에 대해서도 주의를 기울이지 않고 있다. 국가 테러는 지난 반세기를 통해 보아 왔듯이 사람의 목숨을 수천 명 수준에서 앗아 가는 것이 아니라 수백만 명의 수준에서 앗아 가는 극한 정치 폭력이다.

이 책에서 보여 준 조너선 바커의 분석은 몇 가지 점에서 매우 뛰어나다. 조너선 바커는 지난 수십 년간 일어났던 테러의 문제를 폭넓게 펼쳐 보이면서 최근 몇 년 사이에 일어난 사건들을 더 넓은 맥락에서 분석하고 있다. 조너선 바커는 여러 가지 국가 테러의 예를 날카롭고 분명한 어조로 분석·기술하고 있는데 그러면서 서구 여러 나라들의 개입을 정확하게 지적하고 있다.

나아가 이 책은 테러와 그에 대한 응전이 민주적인 정치 토론과 정치 행위를 어떻게 제약시키는지를 보여 주고 있다. 그리고 정치적인 자유와 권리가 제한당하면서도 때때로 테러리스트가 도덕적 언어를 사용하는 까닭에 대해서도 밝히고 있다.

무엇보다도 이 책은 9·11의 잔인함과 그 뒤를 이은 군사적 대응을 다루고 있다. 또한 사회 경제적 분열이 증가하면서 극심한 비참함과 소외가 생겨나는 것을 세계의 맥락에서 다루고 있다는 점에서 의미가 있다. 이런 문제제기는 서구의 여러 나라들 안에서는 거의 찾아볼 수 없다.

이 책은 우리가 테러리즘을 이해하는 데 매우 뛰어난 기여를 하고 있다. 정말 널리 읽을 만하다. 특히 서구의 안보 분석가, 정책 자문가, 2001년의 9·11 사건과 어떤 방식으로든 관련을 맺고 있는 정치인이라면 반드시 읽어야 할 책이다.

2장 테러리즘의 위험에 대해 평가하기

3장 국가 테러리즘

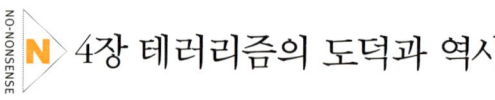

4장 테러리즘의 도덕과 역사

5장 전쟁과 정치 사이

NO-NONSENSE

N 부록

■ 일러두기

1. 인명·지명·작품명은 될 수 있는 한 '외래어 표기법'(1986년 1월 문교부 고시)과 이에 근거한 「편수자료」(1987년 국어연구소 편)를 참조해 표기했으나, 주로 원어에 근접하게 표기하는 것을 원칙으로 삼았다. 단, 국내에 전혀 알려져 있지 않거나 잘못 알려진 경우가 아니라면 이미 널리 알려진 표기법은 그대로 사용했다.

2. 본문에서 읽는이의 이해를 돕기 위해 간단한 설명이나 덧붙이고 싶은 말이 있을 경우에는 괄호 안에 적거나 본문과 다른 모양으로 편집해 넣었다. 단, 옮긴이가 덧붙인 경우 '옮긴이'라고 적었다.

3. 단행본·전집·정기간행물 등에는 겹낫쇠(『 』)를, 논문·논설·단편 제목 등에는 홑낫쇠(「 」)를, 논문 제목·영화·연극·방송 등에는 단격쇠(〈 〉)를 사용했다. 단체 이름에는 작은따옴표(' ')를 썼다.

4. 원서에 있던 본문 주석은 모두 부록으로 뺐다.

테러리즘, 무엇을 향한 분노인가?

　테러가 내게 다가왔다. 그리고 나로 하여금 테러리즘에 대해 쓰게 하였다. 지금까지 내가 쓴 글 대부분은 지역의 정치 행위에 초점을 맞추어 왔다. '이런 행위에는 무슨 의미가 있을까? 그런 정치 행위를 유발시키는 것은 무엇일까?' 같은 것들이 그 주제였다. 그러다가 비행기가 세계무역센터와 미 국방성에 뛰어든 후에 날마다, 오랜 시간 동안 테러에 대한 글을 읽어야 했다. 브루클린에 내 딸이 살고 있는 터라 이것은 내 가족의 일이기도 했다. 그 믿기지 않는 공포에 질려 한동안은 아무런 질문도 던질 수가 없었다. 그런 얼마 후에야 질문이 터져 나왔다. 테러를 저질러야 하겠다는 의지는 도대체 어디에서 오는 것일까? 나는 실제 상황 속에서 계속 커져만 가는 위험을 애써 무시하여 왔다는 말인가? 부시의 테러와의 전쟁은 도처의 정치를 선과 악의 이분법이라는 바이러스로 감염시키고 있는가? 정치적으로 우파는 테러와 싸우면서 힘을 얻고 통합을 이루게 되었는가? 좌파와 중도좌파는 마비되고 분열의 길로 내몰렸는가?

테러리스트들은 그동안 무시하고 지나쳐 버린 정치적 측면에 관심을 갖게 하였다. 나는 그동안 폭력과 협박은 항상 추악한 존재라고 여겨 왔다. 폭력과 협박이 전 세계에 보편적으로 존재하기 때문에 어느 한쪽으로 치워 놓으면 안전해진다고 생각했다. 하지만 지금은 테러와 협박이 기차를 몰고 있는 것 같다. 시간이 지나면서 추악한 테러와 협박을 더 깊게 바라볼 수 있게 되었다. 처음에는 그런 문제에 냉소적이었다. 과연 공식 성명이나 주류 뉴스 속의 각 소식들을 액면 그대로 받아들여야 할까? 음모 이론은 결코 무시될 수 없는데 그것은 국가 테러를 비롯한 모든 테러에 항상 속임수와 숨겨진 대리인이 관련되어 있기 때문이다. 나는 주의를 기울이면서 의심의 눈초리를 놓지 말아야 한다고 각오를 다졌다. 하지만 음모를 추적해 보는 것은 전문가에게 미루기로 했다. 나는 다만 테러의 어떤 연속성만 발견했다. 음모에 대해 말함으로써 능력 있는 분석가를 다른 중요한 정치 이슈에서 끌어당겨 왔고 모든 종류의 정치 발언 신뢰도에 의심을 불러일으키는 것이 되었다. 처음 출발할 때부터 테러와 그에 대한 대응으로서 반테러는 정치적 관심을 딴 데로 돌리거나 사건의 가치를 떨어뜨렸다.

이 주제는 또한 다른 어려움을 드러내고 있다. 뉴스거리들은 기껏 테러리스트들의 삶과 행동, 연계망과 세포 조직의 활동에 대해 파헤치는 정도였다. 그런 것을 보도하는 것은 분명 용기 있는 행위고 사람들에게도 유용하다. 그렇지만 의혹의 눈으로 볼 때 정부가 테러에 대한 뉴스를 꾸미거나 가공한다는 것, 테러리스트 조직 또한 목적을 위해 뉴스를 만들어 낸다는 것이 보인다. 해설자들은 어떻게 그렇게 빨리 세계무역센터의 잔해 속에서 그런 확신에 찬 입장을 찾아냈는지 놀라지 않을 수 없었다. 참신한 통찰력은 그리 자주 등장하지 않았다. 잡지로 눈길을 돌리면서 여러 가지의 복합적인 문제들을 내 방식으로 볼 수 있게 되었다. 그러는 동안 이데올로기와 이해관계가 어떻게 테러를 이용해 공공의 생각을 만들어 내는지를 이해하는 것이 내 일의 일부가 되어 버렸다.

추악한 쪽에서 걸어가는 것은 감정적일 수밖에 없다. 정치에서 증오를 표현하는 것은 매카시즘 이후로는 볼 수 없었던 정도까지 이르렀다. 아마 제2차 세계대전 이후 처음일 것이다. 테러에 대한 증오와 반테러는 전 세계의 여러 문화적 정체성과 종교적 책무 안에 지역적이고 대중적으로 존재하고 있다. 증오를 표현하는 것은 공통적인 현상이어서 정치 연설의 대부분은 자신이 누구를 증오하는가를 정확하게 명시하는 데 채워지고 있다. 증오의 신호를 보내는 것은, 정치적인 대화와 조정에 물을 공급해 주는 '상호 인정' 이라는 우물에 독약을 뿌리는 것과 같다.

나는 테러에 대한 다른 사람의 의견을 부정하지는 않을 것이다. 또한 그 의견의 옳은 점을 인정하고 그 의견에 대한 가치를 평가하려 한다. 우리는 테러와 반테러의 위험성을 분명하게 알아야 한다. 안전과 자유를 보장하고, 각자의 삶에서 나타나는 여러 가지 큰 문제들을 민주적으로 해결하기 위해 함께 일을 해 나가는 전 세계 모든 사람들의 능력을 극대화하고 지키기 위해서다.

NO-NONSENSE

1 테러리즘에 대한 몇 가지 질문

Terrorism

테러리즘은 무엇인가?

테러리즘은 왜 생겨났고, 어떤 결과를 일으키는가?

테러리즘에 대한 대처들은 올바르고 정의로운가?

테러리즘에 대한 몇 가지 질문

2001년 9월 11일 세계무역센터와 미 국방성에 대한 공격은 사람들이 추락하고 마천루가 무너져 내리는 모습을 계속 떠올리게 하는 공포를 낳았다. 또한 엄청난 격분을 불러일으켰으며 커다란 의문을 자아냈다. 테러가 가져다 준 감성적 충격을 인정하지만 이 사건에 대해서는 더 주의 깊은 분석이 필요하다. 테러리스트들이 취한 행동의 원인과 결과 그리고 그에 대한 대응으로 취해진 방법에 대해 명쾌한 눈으로 꿰뚫어 보아야 한다.

1860년대 알프레드 노벨이 다이너마이트를 완성하기 전까지는 사람들을 무차별로, 대량으로 죽이는 것이 매우 어려웠다. 1790년대 프랑스혁명 동안 로베스피에르Robespierre의 자코뱅Jacobin 정부는 공포정치Reign of Terror의 도구이자 상징인 단두대를 수단으로 삼아 수백 명에서 수천 명에 이르는 피의자 가운데 만 7천 명을 처형하였다. '테러리즘'과 '테러리스트'라는 말을 처음 사용한 사람은 영국의 보수주의 정치가인 버크Edmund Burke였다. 버크는 자코뱅 정부의 과도한 살인에 세간의 이목을 집중시키고자 하였다. 버크는 정부의 행위를 '사람들 사이에 느슨하게 퍼져 있는 (…) 비정규군의 강력한 집합'이라고 하면서 대리를 내세운 국가 테러의 정의를 완벽하게 표현한 바 있다. 1800년대 말기에는 러시아의 무정부주의자들이 이 용어를 채택하여 '테러'를 국가에서 선발된 몇몇 당국자들이 사람들을 칼로 찌르거나 목을 조르거나 총으로 쏴 죽이는 것이라고 득의양양하게 진술했다.

더 분명하게 하기 위해 나는 비非국가 집단의 테러 행위를 '집단 테러'라 하고, 마찬가지 행위지만 정부에 의해 자행된 테러 행위는 '국가 테러'라는 용어를 사용하겠다. 두 가지 모두 이 책에서 중요한 부분을 차지하고 있다. 어떤 경우에는 테러에 대한 더 명쾌한 구별이 필요하기도 하다. 즉 반反식민 민족주의자·우익·좌익·무정부주의자·민족주의자·종교·국가 내부·국가 외부·식민주의·대리로 행한 국가 테러리즘 같은 것으로 말이다.

몇몇 간단한 설명을 통해 근대 정치에 오랫동안 익숙해져 온 다양한 테러 사건들을 살펴보겠다.

자살 테러 | 그날 밤 마을을 떠나기 전, 24살의 청년 나빌Nabil은 몇 가지를 정리했다. 오후 네 시에 나빌은 이웃집에 살고 있던 사촌 압둘라 할라비예Abdulalah Halabiyeh에게 찾아가 1년 반 전에 빌렸던 미화 15달러를 돌려주었다. 그리고 새로 산 차를 거의 두 시간 동안이나 깨끗하게 세차를 했다. 오후 여섯 시에는 그동안 집 밖 도로 포장을 위해 모은 청원서를 마을 위원회에 제출하였고, 다시 압둘라에게 가서 이 일이 잘 마무리될 때까지 위원회 사람들을 귀찮게 해야 한다고 했다. 그리고 나서 밤 아홉 시 반에

방에 홀로 조용히 돌아와 기도를 했다.

"나빌은 꾸란을 낭송하면서 울부짖었습니다. 십여 분이 지나
고서야 기도를 멈췄지요. 저는 나빌에게 다가가 왜 그렇게 기
도를 길게 하느냐고 물었지만 아무 말도 하지 않고 그냥 웃기
만 했습니다."

하고 압둘라가 말했다.

압둘라는 나빌이 열 시경에 차를 타고 돌아가는 것을 보았다.
나빌이 마지막으로 간 곳은 십 분밖에 떨어지지 않는 곳인데, 그
곳 어딘가에 멈춰서 마을 친구이자 동지인 오사마 바하르Osama
Bahar를 태우고 허리에 채울 폭탄을 실었을 것이다. 밤 열한 시 반
경에 그들은 예루살렘의 번화가인 벤 야후다Ben Yahuda 쇼핑몰
안으로 걸어 들어갔고 휘황찬란한 불빛과 재잘거리는 십대들 속
에서 뇌관을 당겨 버렸다. 폭탄 안에 못과 유산탄이 섞여 있던 터
라 폭탄이 폭발하면서 이 두 사람의 인간 폭탄에서 반경 6미터 안
에 있던 모든 사람들은 사지가 찢겨 죽었다. 이 사고로 11명의 이
스라엘 사람들이 죽었고 37명이 부상당했다. 자살한 두 사람의
형체는 온데간데없었다.[1)]

실종 | 1977년 1월 27일 당시 열일곱 살이던 다그마르 하젤린
Dagmar Hagelin은 친구인 노르마 부르고스Norma Burgos를 만나러
아르헨티나의 부에노스아이레스를 횡단하는 여행을 하고 있었
다. 그런데 노르마는 그 전날 누군가에 의해 납치된 상태였다. 노
르마의 아파트에는 일곱 명의 군인들이 잠복하고 있었는데, 그들

은 '더러운 전쟁'을 치르는 군부 세력의
앞잡이들로, 알프레도 아스티즈Alfredo
Astiz라는 젊은 해군 장교가 이끌고 있었
다. 군인들은 좌익 반대파들과 불순분자
들을 색출하려 하고 있었다. 아스티즈가
다그마르를 잡으려 할 때 다그마르는 재

• 더러운 전쟁dirty war—1976
년부터 1983년까지 아르헨티
나 군사 정권이 자행한 잔학
행위를 일컫는다. 이 기간 동
안 숨지거나 실종된 사람이
적어도 9천 명이 넘는다.

빨리 뿌리치고 도망을 쳤다. 알프레도와 다른 군인이 다그마르를
뒤쫓았다. 다그마르는 약 30미터 정도를 도망쳤으나 알프레도는
'쪼그려 쏴' 자세로 권총을 들어 다그마르를 정조준 한 후 방아
쇠를 당겨 단 한 방에 쓰러뜨렸다. 군인들은 지나가던 택시를 권
총으로 위협해 빼앗아 트렁크에 피가 낭자한 다그마르를 집어넣
은 채 어딘가로 유유히 사라져 버렸다. 그 후 다그마르를 본 사람
은 아무도 없었다.[2]

암살 | 2000년 6월 8일 그리스 아테네에 살고 있던 히더 사운더
스Heather Saunders는 직장에 가면서 남편인 영국 국방부 정보원
브리가디에 스티븐 사운더스Brigadier Stephen Saunders와 헤어졌
다. 남편인 사운더스의 차가 올림픽 스타디움 맞은편 신호등에서
정지해 있을 때 모터 자전거를 탄 두 사람이 접근하더니 그 가운
데 한 사람이 총 네 발을 발사하였다. 사운더스는 병원으로 옮겨
지는 도중 숨을 거두었다.[3]

국가 테러 | 1994년 5월 19일 산살바도르. 누군가가 '살바도르

여성운동Salvadoran Women's Movement'과 '마들렌느 라가덱 인권 센터Madeleine Lagadec Human Rights Center'가 같이 사용하고 있는 사무실을 부수고 들어왔다. 다음 날 정체불명의 사람이 그 사무실을 지키던 알렉산더 로다스 아바르카Alexander Rodas Abarca를 총으로 사살했다. 알렉산더는 국가 경찰의 예비역이자 1992년 평화 협정에 의해 정당으로 자리 잡은 게릴라 운동 조직인 '파라분도 마르티 민족해방전선Farabundo Marti National Liberation Front'의 당원이기도 했다. 두 단체의 대표들이 말하는 바에 따르면 알렉산더는 사고가 나기 며칠 전부터 건물을 지키면서 사람들과 차량을 지켜보고 있었다고 했다.[4]

이 이야기들은 끔찍하게 비슷하지만 몇 가지 중요한 차이점을 보여 주고 있다. 자살 폭탄 테러리스트들은 공공장소에서 오가는 수많은 사람들 가운데 수십 명의 사지를 절단하고 죽이는 것을 목표로 한다. 반면에 다른 테러리스트들은 미리 선정한 더 좁은 범위를 목표로 삼는다. 모터 자전거 암살은 외국의 무관을 선택한 경우다. 국가 테러의 경우 전자는 청년 활동가를, 후자는 인권 활동가를 추적한다. 한 경우는 국가와의 관련이 불명확하긴 하다.

총을 쏘고 폭탄을 터뜨리는 것은 많은 나라에서 빈번하게 일어나는 일이 되었다. 하지만 테러리스트들이 꼭 총이나 폭탄만을 사용하는 것은 아니다. 1980년대는 자동화 무기나 폭탄을 소지하였다고 주장하는 테러리스트들이 비행기 납치를 하는 것이 가장 흔한 방법이 되었다. 납치범들은 승객을 인질로 잡아 여러 가지 것들과 바꿀 협상을 하는데, 협상 조건에는 돈, 우방으로의 안전한 인도, 동지의 석방, 납치를 저지르게 된 원인의 공개 등이 있다. 어떨 때는 기내에 폭발물을 몰래 장치해 놓고 공중 폭파를 해 승무원과 승객 모두를 죽이기도 했다. 테러리스트들은 큰 차나 트럭에 시한폭탄을 설치하거나 폭발물을 탑재하고 원격 조정으로 터뜨려 사람들을 죽이거나 상징적으로 중요한 의미를 가지고 있는 건물을 파괴하기도 했다. 그러한 건물들로는 1983년 베이루트의 미군 해병대 사령부, 1984년 영국의 토리당 회의가 열린 브라이트의 그랜드 호텔, 1995년 오클라호마의 머레이 연방청사 등이 있다.

테러와 반테러

자살 테러를 저지르는 사람들과 마찬가지로 세계무역센터와 미 국방성에 여객기를 부딪친 사람들은 이미 희생자들과 함께 죽을 각오를 한 사람들이다. 하지만 이들은 자살 폭탄 테러에 한 가지 묘안을 보탰는데, 휘발성이 큰 연료를 채운 비행기는 어마어마한 폭발력을 지닌 미사일처럼 사용될 수 있다는 것이었다. 폭탄과 휘발성 연료가 동시에 사용된 것은 처음 있는 일이었다. 조심스럽게 조직된 네 팀을 운용하는 대단히 복잡한 계획을 세워 작전을 수행한 규모 역시 처음이었다. 자살을 감행한 테러리스트들은 일반적인 경우와는 달리 나이나 전문성이 충분하였으니, 뛰어난 수준으로 비행기를 납치해 인구가 밀집되어 있는 목표에 돌진하기 위해 비행사로서 특수 훈련을 받았다는 점에서도 그렇다. 그들의 목표는 미국의 군사력과 지구 경제의 상징으로 서 있는 건물이었다. 공격을 감행한 세력은 느슨한 형태의 초국가적 연계망인 알-카에다였다. 자살 공격은 미국의 세계 패권에 도전하고 약화시키며 더 나아가 이슬람의 성스러운 땅에서 미국의 영향력을 쫓아내는 데 목표를 두고 있다.

9·11 이후 세계의 역사가 새로운 국면으로 접어들었는지에 대해서는 논쟁이 계속되고 있다. 그렇지만 테러와 반테러가 새로운 시기로 접어들고 있다는 것에는 의심의 여지가 없다. 가장 큰 공포는 테러리스트들이 보통의 폭발물로 규정되어 있던 경계를 부수고 이제는 생물학적이든 화학적이든 핵을 사용하는 방법까지 모색할 것이라는 사실이다. 일본의 옴진리교가 1995년 도쿄 지하철에서 사린가스를 사용해 공격을 감행한 것이 기술적으로 그 경계를 부순 시초다. 그렇지만 독가스를 퍼뜨리는 방법이 서툴러서 그들이 처음 의도했던 수천 명 대신 열두 명이 목숨을 잃었을 뿐이다.

2001년 9월 11일

뉴욕과 워싱턴에 대한 공격은 낡은 방법도 조화를 이루면 어마어마한 상처를 줄 수 있다는 사실을 보여 주었다. 삼천 명이 넘는 희생자, 세계무역센터의 엄청난 두 건물, 먼지와 잔해로 떨어져 내린 사람들이 바로 그 엄청난 상처다. 미국 군사 계획의 심장부인 국방성에 대한 파손 또한 두말 할 필요가 없다. 극적인 작전 한 번으로 알-카에다는 미국에 있는 지구 경제의 상징물을 잿더미로 만들어 버렸고 군사적 힘의 우상을 엄청나게 파괴했다. 뉴욕 세계무역센터 쌍둥이 타워라는 성곽을 뚫고 들어간 거대한 보잉기와 폭삭 무너져 내린 어마어마한 건축물이 만들어 낸 현란한 장면은 전 세계를 충격에 몰아넣었다. 그렇지만 그 장면이 만들어 낸 감정과 의문은 모두가 동일하지는 않았다. 미국인들은 공포와 전율, 슬픔과 분노가 극도로 뒤섞이는 것을 느꼈다. 이러한 감정을 다른 나라 사람들 또한 널리 공유하였다. 거의 대부분의 사람들은 희생자에게 연민을 느꼈다. 하지만 공격의 상징에 대한 반응은 그보다 훨씬 다양하게 나타났다.

9 · 11 이후 비비시(BBC)가 제공한 사이버 공간에 나타난 반응은 이구동성으로 테러리스트들의 행동에 대한 신랄한 비난이었다. 어떤 사람들은 범죄자와 그 지지자들에 대해 즉각적인 보복을 하자고 주장하였다. 일부는 자신들의 분노와 공포를 복수로 되돌려 주겠노라 다짐하기도 했다. 상당수 사람들은 미국이 그렇게 미움을 받는 이유가 무엇인지 알고 싶다고 했고, 어떤 사람들은 서구의 행동이 테러리스트의 공격을 불러일으켰을 거라고 생각하기도 했다. 온건 좌파 매체인 프랑스의 「르몽드Le Monde」지는 "우리는 모두가 다 미국인이다."라는 충격적인 헤드라인을 뽑았다. 「르몽드」는 독자들이 보낸 편지들을 연달아 생생하게 소개했는데 그 가운데 많은 독자들은 뉴욕과 워싱턴에서 가족을 잃고 비통해하는 사람들과 자신을 동일시하는, 다치거나 괴로움을

1996년 6월부터 6개월 동안 일어난 테러

▶ 6월 25일―이슬람 과격 테러리스트들이 서구의 걸프 지역 군대 주둔에 반대하면서 사우디아라비아 다흐란Dhahran 지역에 있는 미 공군 기지를 트럭 폭탄으로 공격해 미군 열아홉 명이 죽고 385명 이상이 부상당했다.

▶ 7월 17일―타밀호랑이* 게릴라들이 스리랑카 정부군이 동부에 성공적 방어 체계를 갖춘 것에 대해 항거하는 뜻으로 열차를 폭발시켜 일흔 명의 사상자와 육백 명의 부상자를 발생시켰다.

▶ 8월 3일―미국 애틀랜타 올림픽 경기 도중 백주년 광장에서 작은 폭발물이 터져 한 명이 죽고 백열한 명이 부상당했다.

▶ 8월 26일―이라크 반체제 인사 여섯 명이 카르툼Khartoum발 요르단행 수단 항공 A310 에어버스를 납치해 영국 스탄스테드Stansted로 방향을 돌렸다. 여덟 시간 반 후에 영국 당국자와 협상을 한 끝에 납치범들은 열세 명의 승무원과 백팔십 명의 승객들을 전원 무사히 풀어 줬다.

▶ 10월 7일―아일랜드공화군(Irish Republican Army, IRA)** 테러리스트들이 영국벨파스트 남부 리스본 소재 영국 육군 북아일랜드 본부에 침투하여 두 대의 차 량 폭탄 테러를 자행하였다. 폭발로 군인 한 명이 사망하고 민간인 삼십여 명이 부상당했다.

▶ 12월 20일―아일랜드공화군 테러리스트들이 벨파스트 소재 한 병원에서 통일당원 정치인을 살해하려 했으나 경찰 한 명이 부상당했다. 폭탄, 포, 로켓을 연쇄적으로 터뜨리면서 보안군을 공격했는데 이 공격은 1월 한 달 동안 거의 매일 이루어졌다. 저항 테러리스트들은 공화당원에 대해 차량 폭탄 공격도 감행하였다.

▶12월 23일—코르시카Corsica 민족 해방을 주장하는 무장 세력이 프랑스 파리의 국립통계청에 폭탄을 터뜨렸으나 사상자는 발생하지 않았다. 알제리 수도 알제 항구 부근 한 카페에서 차량 폭탄이 터져 세 명의 사망자와 일흔 명의 부상자가 발생하였다. 이슬람 테러 집단인 무장이슬람집단*** 게릴라들이 저지른 것으로 비난받고 있다.

▶12월 24일—남아프리카공화국의 케이프타운 부근 워세스터Worcester에 있는 한 슈퍼마켓에서 파이프 폭탄이 터져 네 명이 죽고 수십 명이 다쳤다. 이 테러는 백인들로 조직된 아프리카너저항운동Afrikaaner Resistance Movement****이 저지른 것으로 알려져 있다.

▶12월 25일—티베트의 활동가들이 중국의 티베트 통치에 항거하면서 티베트의 라사에 있는 정부 사무실에 폭탄을 터뜨려 다섯 명이 부상당했다.

▶12월 31일—인도의 아삼Assam 주의 센사파니Sensapani에서 부족민 게릴라들이 폭탄으로 열차를 전복시켜 육십 명이 죽었다.

▶출처—랭커스터 대학교 국방국제안보연구센터 테러리즘 프로그램.

---

*원래 이름은 '타밀엘람해방호랑이Liberation Tigers of Tamil Elam'로 타밀 국가의 분리 독립을 주장하는 스리랑카의 반정부 무장 저항 단체다. 옮긴이

**영국령 북아일랜드와 아일랜드공화국의 통일을 요구하는 군사 조직이다. 옮긴이

***무장이슬람집단은 영어로는 'Armed Islamic Group', 프랑스어로는 'Groupe Islamique Armé'다. 약칭으로는 GIA. 알제리 정부를 전복하고 이슬람 국가를 수립하는 것을 목표로 하고 있는 무장 집단이다. 옮긴이

****남아프리카에 네덜란드계 백인 보어 인의 국가를 다시 건설해야 한다고 주장하는 정치적 준군사 조직이다. 옮긴이

당한 남반구 사람들인 것으로 확인되었다.

테러 공격에 지지 의사를 표명한 정부는 단 한 곳도 없었고 많은 나라들이 위로와 격려를 전했다. 여러 무슬림 지도자들 또한 슬픔과 공포를 말했다. 비공식적인 반응은 더 다양하였다. 많은 이들이 충격과 비통 그리고 두려움을 표했다. 터키 작가 <u>오르한 파묵</u>은 이스탄불의 한 길거리에서 한 여인이 통곡하는 것을 보면서 동시에 이스탄불의 어느 커피숍 주인이 텔레비전에 나오는 모습을 '초연한 놀라움'으로 지켜보는 광경 또한 보았다. 오르한 파묵은 많은 사람들이 '아무런 죄 없는 사람들을 학살하는 비열한 짓'이라고 비난하면서 동시에 미국이 가지고 있는 '정치 경제의 힘'에 대해서 비난하는 대열에 합류하곤 하는 것을 목격했다. 나이가 지긋한 어느 직장인은 오르한 파묵에게 털어놓기를, "선생님, 보셨습니까? 그 사람들이 미국을 폭격했습니다. 잘한 거지요."라고 했다. 그렇지만 그 직장인은 대학살의 장면을 본 후 자신이 한 말을 후회했다.[5] 팔레스타인 나블루스Nablus, 동예루살렘, 파라과이의 시우다드 델 에스테에 사는 아랍인들 사이에서는

오르한 파묵Orphan Pamuk, 1952~

터키의 유복한 중산층 기술자 집안에서 태어났다. 이스탄불공대 건축학과에서 공부했으며 이스탄불대학에서는 저널리즘을 공부했다. 1985년부터 3년 동안 뉴욕의 컬럼비아 대학 방문연구원으로 생활하기도 했으며, 지금은 이스탄불에 살고 있다.

『제브뎃 씨와 아들들』(1979)에서는 동양에서 태어나 서구 생활을 지향했던 작가의 성장기를 엿볼 수 있고, 『고요한 집』(1983)에서는 터키의 흔들리는 전통을 그리고 있다. 세 번째 소설 『하얀 성』(1985)에서 동양과 서양의 문명 대비를 성공적으로 이루어 내면서 국제적인 명성을 얻었다. 『눈』이 2004년 「뉴욕타임스」 '올해의 책'에 선정됐고, 2006년에는 노벨문학상을 수상했다.

2005년 오르한 파묵이 조국 터키가 아르마니아와 쿠르드에 행한 학살을 두고 비판하자 터키 정부는 그를 국가모독죄로 기소하기도 했다. 2006년 무죄 판결을 받았다.

즉흥 축하 파티가 열렸다는 보도도 있다.

　프랑스 사회학자 장 보드리야르는 「르몽드」 지에 기고한 글에서 쌍둥이 타워가 무너져 내리는 장면은 서구 사람들의 마음속에 깊은 울림을 주었다고 말했다. 이 말은 지식인들 사이에 자극이 되었다. 보드리야르는 "이러한 테러를 상상하는 것은 (…) 우리 모두의 내부에 무의식적으로 자리 잡고 있다. 우리는 이러한 사건을 꿈꿔 왔는데 (…) 예외 없이 모든 사람들이 이를 꿈꾸었다. 누구라도 그 정도까지 헤게모니를 장악한 어떤 권력이 파괴되는 것을 꿈꾸지 않을 수는 없기 때문이다."[6]라고 했다.

　조지 부시 대통령은 9월 20일에 행한 미 의회 연설에서 '테러와의 전쟁'을 선포했다. "테러와의 전쟁은 알-카에다와 맨 먼저 시작하지만 (…) 지구 각 지역에 있는 모든 테러리스트 조직을 색출하고 궤멸시키기 전까지는 멈추지 않을 것이다."라고 했다. 부시는 이어 말하기를 "그리고 우리는 테러를 지원하거나 그들을

장 보드리야르Jean Baudrillard, 1929~
프랑스의 대표적인 지성. 30년 동안 쓴 20여 권의 책에서 현대성에 대한 고찰을 심도 깊게 보여 줬다. 파리10대학의 사회과 교수를 역임했으며, 미국의 뉴욕대학, 캘리포니아 대학 등에서 강의를 했다.
독창적인 이론 '시뮬라시옹Simualtion'을 통해 포스트모던 사회의 본질을 꿰뚫어 본 바 있으며, 1970년대 이후의 포스트모던 문화 이론과 미디어, 예술, 사회에 관한 논의에 많은 영향을 끼쳤다. 프랑스가 본격적인 대량 소비 사회로 접어들던 1960년대를 지나면서 필요보다 많은 상품들이 우리의 삶과 어떤 의미를 맺고 있는지를 고찰하기 시작했다. 맑시즘에서 출발했으나 생산보다 소비에 중점을 두고 현대사회를 설명하려고 노력했던 보드리야르의 이론은 현실사회주의가 붕괴하면서 폭발적인 호응을 얻었다.
주요 저서로는 『소비의 사회』(1970), 『기호의 정치경제학 비판을 위하여』(1972), 『상징적 교환과 죽음』(1976), 『침묵하는 다수의 그늘 아래서』(1978), 『시뮬라크르와 시뮬라시옹』(1981), 『숭고한 좌파』(1984), 『차가운 기억들 Ⅰ,Ⅱ,Ⅲ』(1987~1995), 『걸프전은 일어나지 않았다』(1991), 『완전한 화면』(1997) 등이 있다.

안전하게 숨겨 주는 나라도 추적할 것이다. 이제 전 지역에 있는 모든 국가는 선택을 해야 한다. 우리 편에 서든지 아니면 테러리스트 편에 서든지." 부시의 이 선포를 지지하는 나라들의 긴 명단이 줄을 이었고 나아가 여론 조사는 부시 대통령이 여론의 압도적인 지지를 획득하였음을 보여 주었다.[7]

새로이 테러에 초점을 맞추는 일은 삽시간에 퍼졌다. 다른 정부나 당국 또한 반反테러리스트의 태도를 취하는 것이 정치적으로 유용한 것으로 파악했다. 도저히 정치적으로 대화를 할 수 없는 어떤 사고 체계나 집단을 통제할 수 있었기 때문이었다. 이스라엘 정부의 대변인은 신속하게 팔레스타인해방기구(PLO)와 팔레스타인 당국의 지도자 야세르 아라파트Yasser Arafat를 테러리스트로 지목하고 같은 근거로 과격 집단 하마스와 히즈볼라를 테러리스트로 지목하였다. 이에 아라파트는 팔레스타인해방기구가 테러리스트 집단이라는 것을 인정하지 않았고 시리아의 대통령 바샤르 알-아사드 Bashar al-Assad는 영국 수상 토니 블레어에게 팔레스타인에 대해 이스라엘이 저지르는 국가 테러와 팔레스타인 독립운동가가 수행하는 필연적인 폭력 저항의 차이에 대해 강연하기도 했다.

● **하마스와 히즈볼라**─하마스 Hamas는 반反이스라엘 팔레스타인 무장 저항 단체를 말하고, 히즈볼라Hizbullah는 레바논의 정당이자 서아시아 최대의 교전 단체를 일컫는다. 옮긴이

9·11을 보는 다른 곳의 반응

더 멀리 떨어져 바라보자. 짐바브웨의 대통령 무가베Mugabe는 자신의 전제 정치에 반발하는 사람들과 이를 보도하는 기자들을 테러리스트라고 낙인찍었다. 그 이후 반대 세력에 대한 경찰의 과잉 대응이 시작되었다. 인도네시아의 대통령 수카르노푸트리Sukarnoputri는 처음에는 술라웨시에서의 분쟁 때문에 알-카에다

● **술라웨시 분쟁** ─ 1998년 이후부터 인도네시아 술라웨시 Sulawesi 지역에서 격화된 무슬림과 기독교인 사이의 유혈 충돌을 일컫는다. 옮긴이

● **제마 이슬라미야** ─ 동남아시아에 이슬람 국가를 건설해야 한다고 주장하는 무장 이슬람 공동체를 '제마 이슬라미야 Jemmah Islamiah'라고 한다.

의 테러에 의한 피해국 명단에 올라가야 한다고 역설했다. 그러다 나중에는 제마 이슬라미야가 알-카에다와 연계되어 있다는 미국의 견해를 거부했다. 2002년 10월 12일, 약 이백 명의 사망자를 낸 발리Bali의 나이트클럽 폭탄 테러와 뒤이은 용의자의 체포로 인도네시아 사람들은 미국의 견해가 더 옳다고 확신하게 되었다.

미국에 대한 반발은 갈수록 일반적이 되어 가고 있고 미국이 아프가니스탄을 폭격한 이후로는 적대감을 드러내기를 주저하지 않는다. 파키스탄, 이집트, 인도네시아 그리고 다른 나라에서도 반미 집회가 예상보다 크거나 맹렬하지는 않지만 과거보다는 더욱 쉽게 드러나는 것이 사실이다. 미국 안에서, 지지를 표명한 우방 안에서도 비판의 목소리는 갈수록 커져 가고 있다. 그에 관한 기사가 텔레비전과 신문에 주요 뉴스로 자주 등장하지는 않지만 그 목소리가 갈수록 커지고 있다. 언어학자이자 오랫동안 미국의

국가 테러에 대해 신랄한 비판을 가한 촘스키는 미국에 대한 통렬한 비평서를 냈다. 촘스키는 책을 통해 알·카에다 같은 반미 집단이 발생하게 된 가장 큰 원인 중의 하나는 바로 미국의 국가 테러라고 했다. 이어 촘스키는 아프가니스탄에 대한 전쟁 또한 합당하지도 않은데다 9·11 공격에 대해 효과적으로 대응한 것도 아니라고 비난하였다.[8]

광고도 별로 하지 않았고 누군가 크게 서평을 실은 것도 아닌데, 촘스키의 책은 즉각 베스트셀러가 되었다. 어떤 비평가들은 또 다른 차원에서 비판에 가세하기도 했다. 그들은 원칙에 충실한 비폭력이 되어야 하고, 군사 작전이라는 것은 극렬한 반서구 테러리스트를 모은다는 것을 알아야 하며, 외교와 첩보를 통해서 테러리스트를 색출하는 것이 더 낫다고 믿고 있다. 심지어 어떤 이는 미국 정부가 그러한 군사 작전을 감행하는 것은 카스피 해 연안에 매장되어 있는 석유를 확보하려면 중앙아시아에서 위치를 더욱 강화해야 하기 때문이라고까지 주장하고 있다.

2002년 1월 남아프리카공화국 세미나에 이어 2002년 6월 폴란드에서 열린 세미나에서, 참가자들이 가장 두려워하는 위협은

노엄 촘스키|Noam Chomsky, 1928~

1928년 필라델피아에서 태어난 그는 세계적인 언어학자지만 정치 비평가로도 널리 알려져 있으며, 현재 MIT의 석좌 교수로 있다.

『언어 이론의 논리 구조』(1955)로 학계 주목을 받기 시작했으며, 언어를 인간이 보편적으로 타고난 능력으로 보는 '변형 생성 문법'으로 현대 언어학의 지도적 위치에 올랐다.

1960년대부터 미국의 베트남 침공을 강하게 비판하기 시작했고, 사회 문제에 대한 정치적 견해를 적극적으로 밝혀 오고 있다. 미국의 외교정책과 언론, 지식인의 유착 본질을 폭로하고, 신자유주의적 세계 질서의 야만성과 실상을 집요하게 파헤치고 있다.

천 편 이상의 논문과 백여 권의 저서를 남겼고, 왕성한 지적, 실천적 활동을 보이고 있다.

알-카에다가 저지르는 테러가 아니라고 주장하는 사실에 한 미국인 교수는 경악을 금치 못했다. 여기에 참가한 전 세계 활동가들은 테러보다는 미국이 감행한 '테러와의 전쟁'을 훨씬 더 두려워했다. 그들은 특히 자기 나라 정부가 안보 담당 부서에 더욱 큰 힘을 주고 그로 인해 그들이 진작시키고자 노력하고 있는 민주화 운동이 저지당하는 것을 두려워하고 있었다. 어떤 참석자는 미국이 자국의 민주주의를 수호하기 위해 다른 나라의 민주주의를 체계적으로 박살내고 있다고 말하면서 곤혹스러움을 드러내기도 했다.[9)]

미국에 있는 상징, 지구 경제와 군사력의 상징을 공격한 것은 테러리스트들이 애초에 바랐던 것보다 훨씬 성공적이었을 가능성이 있다. 전사 순교자를 위해 기도하는 오사마 빈 라덴Osama bin Laden의 득의양양한 모습이 담긴 비디오테이프를 보면 심지어는 그조차도 세계무역센터가 무너져 내리면서 그 정도 규모의 파괴가 일어날 줄은 몰랐다는 것을 알 수 있다. 빈 라덴의 다른 테이프는 서아시아와 다른 무슬림 세계 일부에서는 황금 시간대에 뉴스 전파를 탔다. 이 테이프를 통해 빈 라덴은 성지에 미군을 발붙이게 하여 이슬람 신앙을 더럽힌 서아시아의 몇몇 정부들과 서구 나라들에 대해 신랄하게 비난을 퍼부었는데 이에 대한 사람들의 환호가 컸다. 그러자 서구 평론가들은 어떤 쪽이 '아랍의 거리'와 더 우호적으로 지낼 것인가 걱정하기 시작했다.

테러리즘을 대하는 감정과 관점

테러리즘에 대해 쓰고 읽을 때 우리가 가장 먼저 직면하는 것은 어떤 것이 적절한 토론이며 유효한 분석인지에 대한 것이다. 이것은 우리가 가끔 논의를 피해 가 버리는 문제이기도 하지만, 테러리즘에 대한 생각을 분명히 하는 데 장애가 되는 것이 사실이다. 누구든 일상을 살아가고 있는 무고한 사람들이 다치거나 죽는 끔찍한 사건에 대해 생각해 봐야 한다. 살상과 공포를 목적으로 설치해 둔 폭발물에 사지가 갈기갈기 찢기거나 공포에 휩싸이거나 죽는 것이 가져다주는 끔찍한 효과에 초점을 맞추어야 한다. 죽음을 바라고 그런 잔인한 짓을 계획하고 작전을 짜는 사람들, 상상조차 할 수 없는 일을 수행하고자 하는 그 사람들에 대해 깊이 생각해 봐야 한다. 희생자나 생존자 그리고 우리와 마찬가지로 테러리스트도 인간이다. 그래서 피할 수 없는 문제가 제기된다. 도대체 무엇 때문에 그런 일을 저지른단 말인가? 나 또한 그와 비슷한 무언가를 할 수 있을 만한 상황이 있다는 말인가? 테러리스트들이 저지른 짓에 대해 우리가 할 수 있는 일이란 비난하고 눈물 흘리는 것, 목청 높이고 주먹 치켜드는 것, 잠 못 이루고 꾸는 악몽, 이런 것들뿐인가?

솟구치는 감정에서 나오는 그런 것들은 우연이 아니다. 19세기 무정부주의자들 이후 지금까지 '행동을 통한 광고'의 핵심 목적은 사람들의 감정을 쓸어버리는 것이었다. 몇몇 비평가들이나 일반인 중 어떤 사람들은 테러는 생각조차 하기 싫을 정도로 혐오스러워 그 원인을 찾는 것조차 거부한다. 토론토의 「글로브 앤드 메일*Glove and Mail*」의 국제 정치 전문 기자인 마르쿠스 기Marcus Gee는 이런 말을 했다.

"9 · 11 테러의 뿌리는 (반미주의의) 증오와 (급진 이슬람) 이데올 로기다. 이를 달리 말하면, 테러리스트들이 과거의 정치적 · 사 회적 조건 때문에 했던 그 어떤 것들을 하게끔 내몰렸다고 말 하는 것은 (…) 그들이 저지른 것에 대해 도덕적인 면죄부를 주 는 것이다. 당신이 만약 미국의 잘못에 대해 9 · 11과 동일한 방식으로 저주를 한다면 그것은 테러리스트들이 자신의 행위 를 정당화하는 도덕적 동등성과 평행선을 그리는 일일 뿐이다. 이러한 일이 왜 위험한지 생각해 보자. 그것은 미국인에 대한 증오를 자극하기 때문이다. 전 세계의 많은 곳에서 커 가고 있 는 비이성적인 반미주의와 9 · 11 공격 사이에는 직접적인 연 관이 있다. 당신은 빈 라덴의 말과 미국에 대해 던지는 비난 속 에 있는 공통점을 알아차리지 못했는가? 미국을 비난하는 말, 그러니까 교만함, 영혼 부재의 물질주의, 낡은 문화, 탐욕적 자 본주의, 이런 것들은 서구의 비판 속에서도 똑같은 말로 메아 리치는 것들이다."

목소리를 죽이고 잠자코 있는 것이나 분석을 회피하는 것은 테 러리즘에 대한 유용한 대화와 분명한 사고를 방해하는 것임에 틀 림없다. 마르쿠스 기가 옳게 지적하였듯이 우리는 테러리스트들의 행동을 유발하는 도덕적 정당성에 대한 강력한 충동과 격한 감정에 대해 강조해야 한다. 소통을 위해서는 우리 안에 일어나는 반응과 다른 사람들 안에 있는 반응을 반드시 인정해야 한다.

테러리즘은 분명히 우리 마음 깊은 곳에서 우러나오는 감정에 관계하고 있으면서 도덕적 의무에 도전한다. 바로 그것 때문에 테러리즘은 오로지 전쟁에 의해서나 깊숙이 자리 잡고 있는 이데올로기, 종교의 차이에 의해 충돌하는 정치 세력의 형태를 띠는 것이다. 테러리즘은 전쟁이나 전쟁에 대한 두려움, 혹은 이데올로기와 연결되기도 한다. 그래서 그 주제에 대한 이야기를 할 때 정치적 의제들이 분노로 곤두서게 되는 것이다. 그래서 전문가는 테러리즘이 지닌 감정의 힘을 인정하면서 편견과 싸우거나 상대방을 이해시키려고 애쓰는 것보다는 정의감을 세련되게 조절하려고 시도한다. 전문가는 자기 관점에 충실하여 '테러리즘'이나 '테러리스트'와 같은 말을, 사람들을 통제하는 이성과 윤리, 이해관계의 범주 밖에 놓여 있는 일련의 행동과 사고, 사람과 조직을 가리키는 것으로 사용한다. 부시 대통령과 밀접한 관계를 가지고 있는 보수적 집단인 후버 연구소의 어떤 저자는 부시가 미국의 타깃을 '악의 축'이라고 밝힌 것을 매우 잘한

• **후버 연구소**─미국의 공공 정책에 관련된 연구를 하는 곳. 스탠퍼드 대학교에 있다. 옮긴이

것이라고 치켜올렸다. 그는 "우리의 적은 이미 스스로 인간이기를 포기했다. (…) 당신은 더 이상 그들을 달래거나 설득시키려 하거나 혹은 일깨워 주려고 노력할 필요가 없다. 당신은 차라리 그

들을 지혜롭게 이겨 내거나 굴복시키려 해야 한다. 당신은 그들을 대할 때 치명적인 전염병을 다루는 것과 같은 방법으로 행동해야 한다. 즉 그들을 제거하려 해야 하는 것이다."라고 말했다.[10]

'테러'와 '테러리스트'라는 용어는 스스로 경멸적인 뜻을 가지고 있다. 정부 스스로 테러리스트로 행동하는 것을 거부하는 것보다 더 분명하게 정치적 책임을 질 수 있는 방법은 없다. 정부는 테러리스트들이 터뜨린 폭발물에 희생된 사람의 숫자와 그 피해를 열거하지만 테러와의 전쟁을 치르느라 사용한 폭탄에 희생된 무고한 민간인 희생자 숫자와 피해에 대해서는 아무런 말도 하지 않고 있다. 게다가 정부 대행자와 그 대리인은 자기 나라 시민들마저도 죽이거나 공포에 밀어 넣는 일을 하기도 한다. 좋은 예로 프랑스혁명 시기에 정부가 혁명의 주인공인 시민을 잡아먹어 버린 것을 들 수 있다. 그러한 살상은 정치 철학자 한나 아렌트Hannah Arendt가 『전체주의의 기원Origins of Totalitarianism』에서 나치 독일에 대한 분석에서 제대로 지적하였듯이, 상대적으로 안정된 정부가 취한 정책의 핵심이다.[11]

최근에는 많은 정부가 반대편을 제거하거나 공포에 몰아넣기 위하여 암살 부대를 육성하기도 하고, 다른 나라가 내부적으로 심각한 분란에 봉착해 있는 경우 자기가 선호하는 정권을 지원하거나 자기가 싫어하는 정권을 약화시키기 위해 이런 방법을 사용하기도 하는 것으로 알려져 있다.

미국은 비밀 작전을 수행했다는 사실을 잘 인정하려 들지 않는다. 1991년 의회를 통과한 한 법령은 국무부가 비밀 작전을 수행한 지 삼십 년이 지나면 해당 서류를 공개하는 내용을 담고 있는데, 이로써 미국이 그동안 행했던 수많은 개입들이 속속 드러나고 있다. 1965년 인도네시아에서 수하르토Suharto 장군을 최고 권좌에 오르게 한 군사 쿠데타를 예로 들어 보자. 이 쿠데타는 미국의 동의 아래 일어났는데, 그 결과 수만 명의 공산주의 혐의자가 살해당했다. 그 기간 동안 미 대사로 근무한 마셜 그린Marshall Green의 기록에 의하면 그때 살해당한 공산주의 지도자들의 명단은 1965년 12월에 미 대사관에서 작성해 인도네시아 정부에게 건네진 것이다. 그린은 "인도네시아 정보 당국은 '인도네시아 공산당Indonesian Communist Party'이 공개한 아주 단순한 정보조차 가지고 있지 못했기 때문에 분명히 내 기록이 활용되었을 것"이라고 적고 있다. 또 다른 자료에 의하면 1965년 2월 공산주의자들을 진압하는 데 혁혁한 공을 세운 **칼-게스타푸**Kap-Gestapu 운동에 5백만 루

●**칼-게스타푸 운동**─미국 측이 사주하여 조직한 반공산주의 운동을 일컫는다. 옮긴이

피아를 암암리에 지원하도록 보증해 주었다고 한다.[12] 미국 관리들은 이러한 작전은 보통 외국의 위협에 대한 정당방위이거나 우방의 지원 요청에 정당하게 대응한 것이라고 변호한다. 그들은 이런 경우를 테러라고 부르지 않는다.

비국가 테러리스트는 정부에 비하면 떠벌이는 힘이 작기는 하지만 그렇다고 허식과 위선을 저지르는 것에까지 서투른 것은 아니다. 그들 역시 자신들의 폭력은 테러가 아니라 전쟁이라고 강변

한다. 자기들이 하지도 않은 짓을 자신들의 소행이라고 주장하거나 그 일의 중요성이나 숫자를 부풀려서 말하는 경우 또한 많다.

이런 문제는 정치적으로 조작되어 있고 도덕적으로 양극화되어 있어서 솔직하게 소통하는 것은 매우 힘들다. 대부분의 사람들은 적어도 분쟁을 일으킨 어느 한쪽에 대해 큰 혐의를 둔다. 게다가 진실 자체는 아주 추악하면서 머리칼이 곤두설 정도로 위험하다. 그렇지만 테러 문제를 해결하기 위해 치열하게 논쟁하면 그 결과는 실제적이면서 매우 가치 있게 나타난다. 소름 끼치는 폭력과 마주하면서 정치, 특히 민주주의 정치가 마주한 도전에 대해 더 깊이 이해할 수 있게 된다. 이러한 힘든 시간을 견디면서 우리는 느끼고, 말하며, 생각해야 한다. 우리는 이 세 가지를 동시에 할 수 있다. 이것이 바로 이 책의 전제 사항이다.

테러리즘의 정의

테러리즘에 대해 글을 쓰는 사람들은 그 용어를 정의하는 데 힘을 낭비하는 것은 적절치 못한 일이라고 자주 말한다. 그들은 수백 가지 정의가 가능하다고 불만을 늘어놓는다. 그들은 어떤 사람을 테러리스트라고 부르는 것은 그 일을 일으키는 근본 원인에 대해 반대한다는 입장을 보여 주는 것이라고 말하면서 금언 하나를 들어 '한 사람의 테러리스트는 또 다른 사람의 독립투사'라는 식으로 말하길 좋아한다. 정치적으로 사용되도록 지지를 받고 있으면서 더 대중적으로 이해가 이루어지는 것도 마찬가지다.

사람들은 비정부 집단이나 정부 대행자 혹은 그 대리인에 의해 자행된 정치적 폭력을 기획하는 자들은 항상 자신들이 한 행동은 정당하다고 주장한다고 이해한다.

추악한 살인과 파괴의 기술을 사용하는데다가 때로는 대리 단체를 사용하는 정권조차 자신들이 테러를 하고 있다는 사실을 전혀 인정하려 들지 않는다. 정규적으로 테러를 전략으로 사용하는 집단의 대변인은 테러라는 용어를 절대 사용하지 않는다. 그러면서 자신들은 정의를 위해 싸우고 압제에 항거할 뿐이라고 주장한다. 「로이터 통신」을 비롯한 몇몇 매체는 테러리즘이라는 용어는 도덕적 꼬리표를 다는 것 이상이 아니라는 데 근거하여 그 용어 사용 자체를 피하고 있다. 분명하고 적절한 정의가 없는 상태에서 '테러리즘'과 '테러리스트'라는 용어는 그 무시무시한 행동에 대해 불분명하게 정의 내려진 채 선전에 이용될 뿐이다.

다행히 대부분의 사람들이 인정하는 것으로 테러리즘의 개념에 상응할 수 있는 간단하고 직설적인 정의가 하나 있기는 하다. 여기에는 세 가지 요소가 있다. 위협이거나 실제로 행해진 폭력, 민간인을 목표물로 삼는 것 그리고 정치적 목적을 위한 것이 그것이다. 이스라엘의 테러 연구 전문가 보아즈 가너Boaz Ganor는 분석적으로 유용한 정의를 내리는 것은 가능하기도 하고 또 반드시 필요한 일이라고 강변을 하고 있다. 보아즈 가너는 "테러는 정치적 목적을 달성하기 위해 민간인 혹은 민간 시설에 대해 폭력을 사용하거나 사용하겠다고 위협하는 것"이라고 제시하였다. 다른 많은 정의와는 달리 보아즈 가너는 이 정의를 정부나 정부의 대리인뿐만 아니라 비정부 집단과 개인에게도 적용시키고 있다. 물론 시민 불복종, 조세 저항, 데모, 파업, 항거 같은 비폭력 정치 행위는 배제한다. 마찬가지로 군인이나 경찰에 대한 폭력 행위 또한 제외하고, 게릴라전이나 도시 봉기 또한 테러가 아니라고 한다.[13]

국가 테러를 배제해 버린 정의는 전 세계 민간인에게 닥치는 폭력과 공포를 일으키는 주된 원천 하나에 대해 눈을 감아 버리는 것이다. 국가 테러와 집단 테러 사이에 차이점이 있다는 것이 사실이긴 하다. 그렇지만 그 두 가지가 사람들과 정치에 끼치는 영향이 비슷하고 서로 얽혀 있다는 점을 묵과할 수는 없다. 국가 테러와 집단 테러 모두 대부분의 사람들이 가지고 있는 테러에 대한 기본 개념, 즉 '정치적 목적을 위해 폭력을 사용하거나 폭력으로 위협하는 것'에 맞추고 있다.

우리가 내린 정의에 의하면 테러리스트냐 테러리스트가 아니냐 하는 것을 가르는 것은 전적으로 행동이다. 사람이든 조직이든 전략이든, 정치적 행위와 관련하여 약간의 테러를 사용하는 것은 종종 있는 일이다. 집단이나 국가가 테러를 다른 종류의 행동과 어떻게 섞느냐 하는 것은 풀기 어려운 문제다. 테러 작전을 수행하기로 기획된 어떤 조직을 테러 집단으로 부르고 그러한 행동을 계획하고 구체화하는 사람을 테러리스트라고 부르는 것은 당연하다. 그렇지만 그러한 정의에는 테러라는 방법을 채택할 수밖에 없는 사람들이나 집단 그리고 국가가 처한 환경에 관한 근본적인 질문이 뒤따른다. '어떤 사람들, 어떤 집단, 어떤 국가가

테러의 종류별 배열

테러에는 많은 종류의 목표물, 무기, 집단 그리고 지지 기반이 있다. 모든 테러리스트의 공격은 이 여러 요소들을 구체적으로 조합하여 이루어진다.

▶ **공격**—자살 폭탄, 납치, 인질, 차 타고 가며 사살하기, 암살, 항공기 납치.

▶ **목표물**—공공 집회, 유조선, 저널리스트, 이주민, 식량 공급자, 낙태 시술 의사, 인권 활동가, 관광객, 대사관.

▶ **무기**—에이케이AK 47, 사린가스, 차량 폭탄, 어깨 미사일, 방사능 폭탄, 탄저균, 미사일로서의 항공기.

▶ **목표**—정치적 독립, 복수, 재소자 석방, 지지자 사기 독려, 정부 세력 약화, 요구 사항 널리 알리기.

▶ **집단**—민족주의자, 신나치주의자, 공식 정부 기관, 국가 대리인, 국가 비밀 요원, 종교 무장 전사, 좌파 무장 전사.

▶ **기반**—훈련 캠프, 안가, 돈세탁, 무기 공급처, 첩보 활동, 자금 제공원.

테러에 이끌리는 것인가? 피해자와 가해자에게는 어떠한 일들이 따르는가?' 같은 질문이.

정치적 목적을 위해 민간인에게 가하는 폭력이라는 특정 종류의 폭력에 초점을 맞추어 테러의 정의를 내리면, 정치를 둘러싸고 있는 다른 많은 폭력을 용인하는 것이 된다. 보아즈 가너는 테러 행위가 도덕적으로 잘못된 것이고 정치적으로 파괴적이라는 정의를 받아들이면, 테러를 사용하는 집단들로 하여금 테러 대신에 게릴라전, 비폭력 저항, 데모, 투표와 같은 방법을 선택하도록 격려할 수 있을 것이라고 믿는다. 보아즈 가너의 논리에 의하면 게릴라전의 폭력은 원칙적으로 시민과 재소자를 보호하게 되어 있는 전쟁법을 준수해야 하는 점에서 테러보다 낫다. 그렇지만 불행하게도 게릴라전에 대한 기록을 보면 정부나 게릴라 전사나 모두 민간인을 목표물로 삼기도 한다. 테러, 특히 국가 테러는 게릴라전을 통합하고 있는데 이는 국가 대 국가 간에 벌어지는 전쟁의 일부분이 되어 버렸다. 전쟁에서 테러를 빼는 것은 정치에서 테러를 빼는 것과 마찬가지로 어려운 도전이다.

이러한 정의를 출발점으로 하여 우리는 테러에 대해 토론을 시작할 수 있다. 하지만 테러에 관한 여러 용어는 더 상세하게 살펴볼 필요가 있다. 무엇을 폭력이라 하고 무엇을 폭력의 위협이라 하는가? 누구를 민간인이라 하는가? 무엇을 정치적 목적이라 하는가? 입법가들은 테러에 반하는 법을 만들 때 이 용어들을 적용시킨다. 이것이야말로 입법가들의 목적에 따르는 것이지만 가끔은 너무 넓은 범위를 통합하기도 한다.

이 정의를 따르면, 어떤 특정한 조건 아래서는 테러가 정당화되는데 그것은 마치 전쟁을 정당화하는 것과 같지 않느냐는 질문을 던질 수 있다.(4장 '테러리즘의 도덕과 역사' 참조) 만약 목적이 도덕적으로 유효하고, 인간의 고통도 최소한으로 하고, 성공은 최대한으로 거둔다면 민간인에 대한 폭력이라는 것도 도덕적으로 정당화되어야 하지 않겠는가 질문할 수 있는 것이다.

여기에다 정책과 집단의 변화를 가져오기 위한 채찍질로써 공포를 사용하는 것에 대해서도 추가로 이야기할 필요가 있다. 테러리즘의 공포가 주는 효과라는 것은 무엇인가? 도대체 공포를 작동시키는 것이 어디에 쓸 만한 전략이랄 수 있단 말인가? 이제 테러리즘의 정의에 관한 토론이 마지막 부분에 도달했다.[14](214쪽 , '왜 테러의 의미에 동의하는 것이 어려운가?' 참조)

테러리즘에 대한 몇 가지 질문

9·11 이후 다음과 같은 질문을 던지는 일군의 전문가가 나타났다. 그들은 텔레비전에 밤마다 출연하였고 서점 진열대에는 그 전문가들의 출판물이 가득 찼다.

그 사람들이 초점을 맞추고 출발점으로 삼은 것의 대부분은 이 책의 초점과는 다르다. 그들은 테러가 미국과 유럽에게 전적으로 위험하다는 관점에서만 테러를 보는 경향이 있다. 또한 알-카에다의 테러나 종교적 테러 모두 서구 가치에 대한 적대감에서 비롯된 것이고, 서구의 가치를 실현하고 수호하려는 사람들과 정부에 피해를 주는 것만을 목적으로 한다고 묘사한다. 때때로 지금 문제가 되고 있는 테러를 미국이나 서구가 과거에 어떻게 다루어 왔는지의 맥락 안에서 보려고 하기도 한다. 그러면서 지금은 필수적인 것으로 자리 잡은 새로운 종류의 안보 조치를 설명하는 일에 착수한다. 그 사람들의 갑작스러운 부상은 테러 연구 분야가 얼마나 크고 활발하게 전개되고 있는지를 잘 보여 준다. 사실 그들은 보이지 않는 곳에서 오랫동안 일해 왔다. 테러 기사가 헤드라인에서 빠져 있을 때도 이 전문가들은 대학, 전문가 집단, 자문 회사, 언론, 정부 등에 박혀 있으면서 정책 입안자들에게 지속적으로 자문을 하거나 글을 쓰고 있었다.[15]

테러 전문가들은 자신들이 오랫동안 주장한 안보와 정보에 관한 조치를 정부가 채택하도록 만드는 일에 실패해 왔다. 그러자 9·11 사건을 통해 생각할 수 있는 모든 종류의 이해관계와 관점, 주장을 펼쳐 보이고 합리화할 수 있는 길을 모색했다. 9·11을 통해 기독교 근본주의자는 미국의 도덕적 타락을 징벌하는 하나님의 손을 보았고, 미국 주도의 세계화를 반대하는 사람들은 남반구에 대한 경제적 군사적 지배에 대한 응보를 보았으며 생태론자들은 자원의 충돌이 새로운 높이까지 치올라간 것을 보았고, 사회·경제 정책에 대한 비판론자들은 가난하고 소외된 자들의 소외감을 충족시켜 주는 것에 실패한 것을 보았으며 문화의 불일치를 알리려는 사람들은 서구의 가치가 공격을 받았다는 사실을 보았다. 몇몇 사람들의 주장과 관점은 파장을 일으킨 반면 다른 사람들은 자기 목소리를 잃었다. '문명의 충돌'이라는 개념은 대단한 의욕으로 다시 단장했고 몇 년 동안 상당히 인상적으로 달려왔던 '시민사회' 의 개념은 옆 줄 바깥으로 물러선 것 같다. '제국주의' 가 쓰레기로 전락한 좌파의 무덤에서 부활해 세계 유일의 강대국 미국의 책임을 묘사하는 데 유용하게 작동하기 시작했다. 테러가 정치적 이슈에 대해 특성을 규정하고, 우선순위를 결정하며, 갈등을 조장시키는 사상에 영향을 준다는 것이 분명해졌다. 테러와 반테러의 현재 판국이 정치적 담론을 어떻게 변경했는지는 향후 고찰해 봐야 할 중요한 주제다.

테러에 대해 싸울 준비를 하고 있는 정부가 시민의 자유를 제한하는 쪽으로 더욱 비밀스럽게 움직이는 것은 분명히 드러난 움직임 가운데 하나다. 정치적 자유와 법적 권리를 규제하는 여러 가지 법률은 가치 있는 토론 하나 없이, 아주 간략한 명령으로 실행에 옮겨졌다. 캐나다, 영국, 독일 등이 그랬다. 일군의 시민운동 활동가들이 새로이 만들어진 많은 안전 조치에 대해 반대했으나 극히 일부분에서만 성공을 거둘 수밖에 없었던 것은 그러한 현상이 강력하게 반영된 것이다. 반테러 활동이 정치적 자유를 얼마나 부식시켰는지 판명되었는가? 전제적 조치가 민주주의의 전통이 약한 나라로 수출되어 그곳에서 민주주의에 관한 역량을 쌓으려는 활동가 집단을 방해하는 것으로 사용되지는 않는가? 나날이 커져 가는 경찰의 권한과 더 깊이 개입하는 정보원 운용 체계가 사람들을 더 안전하게 하거나 혹은 더 안전하게 느끼게라도 하는가?

이러한 정치적 개념과 안전 조치에 대한 여러 의문들이 문제를 일으킨다. 그 여러 가지 문제들은 하나의 중심 이슈로 귀결된다. 즉 테러와 테러에 대한 전쟁은 정치, 특히 대중 정치에 어떠한 영향을 끼치는가? 위에서 언급한 민주주의 세미나에 참석한 사람들은 과연 옳은 의견을 말한다고 할 수 있는가? 미국과 다른 선진국이 민주주의를 수호하고자 실행한 '테러와의 전쟁'은 가난하고 약한 나라의 민주주의를 침해하는 것이 아닌가? 또한 선진 산업국 안에서의 민주주의 활동을 침해하지는 않는가?

빈곤과 불평등, 저발전 위기는 또한 극히 중대한 일련의 질문을 제기한다. 국가 내에서, 그리고 국가 간 불평등이 극도로 커져가는 것에 대해 관심을 갖는 사람들은 그것이 테러를 일으키는 주요 원인 중의 하나라고 주장한다. 남반구 나라의 모든 계급은 주장하기를 미국이 이끄는 유럽과 북아메리카의 경제·군사 강국들이 무거운 불평등을 부과하고 있다고 한다. 텔레비전, 영화, 여행으로 인해 전 세계 모든 나라 사람들의 삶에 드리워진 거대한 불평등이 더욱 더 넓게 드러나고 있다. 물질적으로 더 나은 생활 여건을 가지고자 하거나, 자치 발전을 위한 역량을 키우고자 했으나 제한된 성공밖에 거두지 못한다는 사실은 빈곤층, 고통을 받는 사람들이 아닌 이들에게까지 모욕적인 일일 수 있다. 테러의 위험은 전 지구적인 불평등의 상처가 공개되는 일이다. 이 상처가 고통스럽게 남아 있는 한 갈수록 더 곪고 커져 갈 것이다.

우리는 폭력에 대해서, 개인과 사회 전체의 안전과 불평등이 테러와 연계되는 것에 대해서, 더 깊이 고민해야 한다. 테러는 감정의 반발을 일으킨다. 모순일지는 모르겠지만 일단 토론과 분석

이동 폭력

이 그래프는 '준국가 집단 혹은 비밀 요원'이 '한 국가 이상의 영토 혹은 국민을 대상으로' 벌인 일에서 생긴 사상자를 나타낸 것이다. 국가 테러와 국내 테러는 제외되었다. 국제 테러 집단의 공격은 해마다 극적으로 변화하고 있다. 아프리카의 경우 1998년에 최고치를 나타내고 있는데 이는 케냐와 탄자니아에서 발생한 미국 대사관 폭발 때문이다.

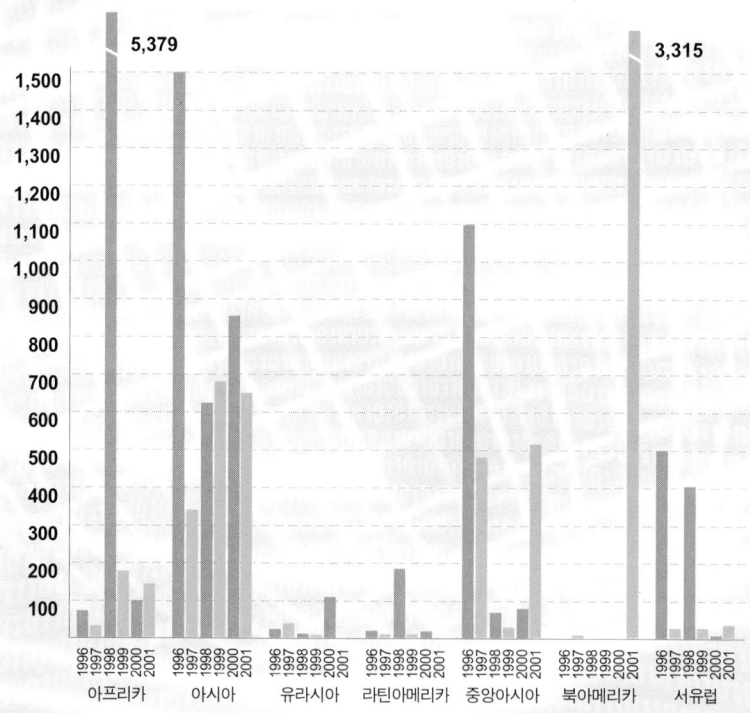

▶출처—US Department of State—*Patterns of Global Terrorism, 2001.*
Released by the Coordinator for Counterterrorism, May 21, 2002.
http://www.state.gov/s/ct/rls/pgtrpt/2001/html/10268pf.htm.

을 가로막는 초기 장벽을 넘어가기만 한다면, 테러에 대한 논의를 감정적으로 채색하는 것이 서로를 이해하는 데 실로 좋은 기회가 될 수도 있다. 우리 스스로 관심을 두지 않는 어떤 것에 대해 어떻게 진실로 이해할 수 있겠는가? 오늘날 우리가 사는 세상에서 정말 중요한 것을 다루는 많은 주제에 대한 사람들의 열정이 너무 적어서 그런 문제에 대한 이해 면에서나, 그에 따르는 의식적 행동 면에서나 변화가 일어나야 하는데 사실은 그럴 것 같지가 않다. 하지만 테러는 다르다. 그것은 우리의 세계가 어떻게 작동하고 나아가 어떻게 그 작동에 실패할 것인가에 대한 질문에 대해 깨닫는 것보다 더 깊은 곳으로 우리를 옮겨다 줄 수 있다.

다음 장에서는 오늘날 가장 많이 논의되고 있는 테러(정치적 목적으로 정부와 연계되지 않는 개인이나 집단에 의해 민간인에게 자행된 폭력 행위)의 종류에 대해 살펴보겠다.

2

테러리즘의 위험에 대해 평가하기

TERRORISM

테러리즘이 위험한 까닭은 무엇인가?
테러리즘은 얼마나 위험하며, 테러리즘을 정당화
해서는 안 되는 까닭은 무엇인가?

테러리즘의 위험에 대해 평가하기

모든 선진 산업국가의 정부 지도자들은 새로운 테러의 위협에 대해 경고 벨을 울리고 있다. 하지만 이런 외침은 9·11 이전부터 축적된 테러 공격에 대한 위험 신호만으로는 지지받기 힘들다. 몇몇 집단은 지구적 야망과 전략을 가지고 있고, 그 가운데 일부는 생화학적 핵무기를 사용할 수 있는 기술과 장비를 추진하고 있기도 하다.

2001년 9·11 이후 미국 정계의 지도자들은 테러리스트들의 분노가 점점 위험하게 높아지고 있다는 사실을 경고했다. 공식적으로 발표된 세 번째 테러 주의보가 있던 2001년 12월 3일, 백악관의 한 고위 관리가 「워싱턴 포스트」 지에 이런 말을 했다.

"바로 거기에 알-카에다의 세포가 앉아 있습니다. 미국에도 있고 우리 우방에도 있고 또 테러리스트 집단을 숨겨 주는 오랜 역사를 가진 나라 안에도 있습니다. (…) 이것이 현재 미국의 안보가 처해 있는 가장 위험한 진실입니다."

이로부터 3개월 후, 미국의 한 반테러 관리는 「타임」 지에 이런 말을 했다.

"점점 악화돼 가고 있습니다. 그리고 더 많은 사람이 죽어 가고 있습니다. 그런데 이런 일에 대해 우리가 할 수 있는 일이 아무것도 없다는 사실이 죽을 맛입니다."

정부 관리들은 공격의 끔찍한 범위를 예상하고 있는데, 음식 전염, 상수원에 독약 살포, 히로시마 정도의 도시 핵폭발, 액화천연가스를 탑재한 대양 유조선의 항구 폭발, 빌딩, 교량, 항공기, 발전소, 테마 파크, 유적지처럼 사람이 많이 모이는 곳에 대한 폭발이나 자살 특공 등이 그것이다. 미 정부 관리는 테러리스트들이 일말의 양심의 가책조차 가지고 있지 않다고 말한다. 오로지 최대한 많은 사람을 죽이는 것이 그들의 목표라고 설명한다. 테러 전문가들은 많은 목표물이 취약하다는 사실, 폭발물을 쉽고 싸게 살 수 있다는 사실, 여객기나 핵발전소와 같은 평화 시설을 무기로 사용할 수 있다는 사실을 지적한다. 대통령 고문인 카렌 휴스Karen Hughes는 "우리는 오늘도 9월 10일이나 9월 12일과 마찬가지로 취약한 상태에 노출되어 있습니다."라고 말한다. "우리는 최소한 전보다 더 알고 있습니다." 테러리스트가 감행할 수 있는 가능성의 범위와 예측 불가능성 위에 있는 미국인의 심정을 '취약한 상태'로 표현한다는 것은 그리 놀랄 만한 일은 아니다.

싸고 파괴적인 테러

다른 범죄와 마찬가지로 테러 공격 또한 동기, 무기 그리고 기회를 필요로 한다. 정부 관리와 전문가는 무기와 기회를 확보하는 데 그리 돈이 많이 들거나 어렵지 않다는 사실을 확인시켜 주면서 경고를 하고 있다. 큰 건물, 항공기, 배 등을 파괴하는 데 드는 경비는 그것을 처음 만들거나 다시 수리하는 데 드는 비용에 비하면 그야말로 부스러기일 뿐이다. 더군다나 이 피해 산출에는 생명을 잃거나 가족·공동체·사업 그리고 경제 전반이 파괴를 입은 데 따른 감정적·물질적 비용을 포함하지 않았다. 2001년 9·11이라는 쓰라린 결과를 맛보게 한 작전에는 아마 오십만 달러 정도가 들었을 것이다. 정부가 뉴욕 시에 피해 보상으로 일괄 원조를 한 액수는 자그마치 이백억 달러나 된다. 물론 여기에는 희생자 가족에게 지급된 오십억 달러는 제외된다. 빌딩과 그 안에 있는 내용만 계산하더라도 이보다 훨씬 더 클 것이고 미 국방성 파괴는 또 따로 계산해야 할 것이다. 만약 그 테러에 든 비용이 오십만 달러이고 피해액이 오백억 달러라면 '파괴를 통한 보상 비율'은 일 대 십만이나 되는 것이다.

모두 인정하다시피 이는 가히 대단한 사건이었으니 수치는 단지 보여 주는 숫자에 불과할 뿐이다. 그렇다 해도 그 수치가 의미하는 바는 분명히 있다. 테러 공격 하나가 아주 적은 비용으로도 엄청난 피해를 초래할 수 있다는 것이다. 다른 곳에서 일어난 테러 공격의 수치는 측정하기가 더 힘들지만 이 사실이 보편적으로 통용될 수 있다는 데는 의심의 여지가 없다. 테러와의 전쟁은 테러리스트들이 더 위험한 위치로 숨어들게 했고 국경을 넘나들기 어렵게 만들어 비용이 훨씬 많이 들게 만들었다. 무기 사용 비용을 어떻게 절감하는지, 테러의 기회를 어떻게 포착하는지 파악하는 것이나 동기를 파악하는 것은 점점 어려워진다.

빈 라덴은 자신의 목적에 정당성을 얻는 것에 지대한 관심을 가지고 있음을 보여 주고 있다. 그가 녹화한 테이프에는 더 많은 테러 공격을 위한 동기를 만들어 내거나 강화하려는 뜻이 나타나 있다. 빈 라덴이 서구의 군사력이 신성한 이슬람의 땅에 지속적으로 주둔하고 있는 것을 얼마나 혐오하고, 팔레스타인 인민들의

■ 깊이 읽기

오사마 빈 라덴이
쌍둥이 빌딩 공격 비용을 계산하다

2002년 4월 17일 처음 공중파를 탄 비디오에서 오사마 빈 라덴은, 9 · 11로 인해 발생한 파괴 비용이 미 달러로 얼마인지, 지구 경제에 파급된 효과가 어느 정도인지를 계산하는 것에 관심이 있다고 밝혔다.

"이 성공적이고 축복받은 공격으로 인해 무려 일 조兆 달러 이상의 손실이 났다. 신께서 이 순교 전사들을 축복해 주시고 순교자들을 천국에서 환대해 주시리라."

빈 라덴은 또 직업 상실로 인한 손실, 월 스트리트 주가 하락, 생산성 손실 등에 대해서도 계산을 했다. 빈 라덴과 같이 생각한 사람들에게는, 뉴욕 증권 시장에서 거래된 주가 약세(2002년 12월을 거치면서 발생했다.), 회계 관행과 법인 이사에게 지불하는 과도한 돈에 관한 추문(2001년 엔론, 월드콤 같은 회사들의 회계 부정. 옮긴이) 등이 테러의 위험과 함께 미국 경제의 부도덕함을 확인시켜 주는 계기가 되었다.

▶「로이터 통신」

고통에 얼마나 분노하는지가 잘 나타나 있다. 무슬림 국가에서 실시한 여론 조사는 알-카에다가 풍부한 지지 기반을 갖고 있음을 보여 준다. 즉 여론이 미국에 비판적이라는 것이다. 갤럽은 2001년 12월부터 2002년 1월 사이에 무슬림이 다수를 차지하는 주요 아홉 개 국가, 즉 인도네시아, 이란, 요르단, 쿠웨이트, 레바논, 모로코, 파키스탄, 사우디아라비아, 터키에서 거의 만 명에 달하는 사람들의 여론을 조사했다. 결과를 보면 미국에 대한 이미지 중 지배적인 것은 '무례하고, 공격적이고, 잘난 체하고, 건방지고, 성마르고 편견에 사로잡힌' 이었다. 미국에 대한 태도 가운데 비우호적인 것이 53퍼센트이고, 우호적인 것이 22퍼센트였으며 부시 대통령에 대한 우호적인 태도는 이보다 못했다.[1] 적대적인 여론은 테러리즘을 일으키는 동기, 태도 그리고 이해관계와 함께 빠지지 않는 요소다.

각 지방과 지역 차원의 불만은 지구적 차원의 불평보다는 더 일반적인데, 알-카에다는 바로 이 지구적 차원의 불만을 강화시키려 하고 있다. 지구적 불만은 참을 만한 것이면서 동시에 감정적으로 끓어오르는 것이기도 하다. 그 가운데 많은 불만은 무력 행동을 일으키는데, 무력 행동 가운데 하나가 테러다. 제2차 세계대전 이후 반제국주의 민족주의 운동은 민간인에 대해 폭력을 사용하기도 했다. 예를 들면 알제리의 민족해방전선FLN, 케냐의 토지자유군, 스리랑카의 타밀호랑이, 서아시아의

• 알제리 민족해방전선—프랑스로부터 알제리의 독립 투쟁을 이끈 사회주의 계열의 정당을 말한다. FLN은 Front de Libération Nationale의 약자. 옮긴이

테러 공격의 단순 수치
—라틴아메리카가 두드러진다

1996년부터 2001년까지의 테러 공격은 유럽, 유라시아, 서아시아 그리고 북아메리카에서는 줄어드는 반면 아프리카, 아시아, 라틴아메리카에서 늘어나고 있다. 국내 테러와 국가 테러는 포함하지 않았다.

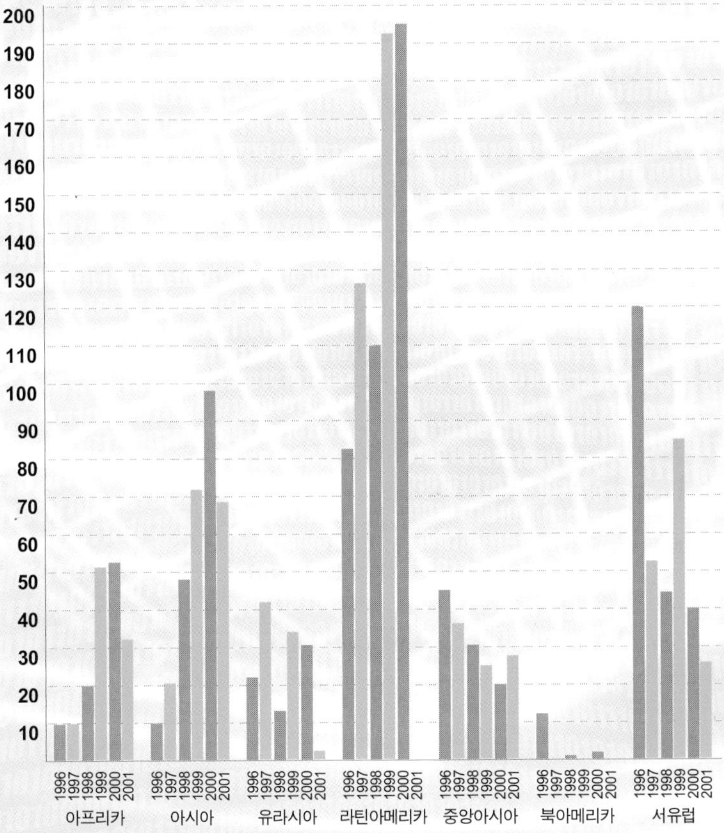
200
190
180
170
160
150
140
130
120
110
100
90
80
70
60
50
40
30
20
10
1996 1997 1998 1999 2000 2001
아프리카
아시아
유라시아
라틴아메리카
중앙아시아
북아메리카
서유럽

▶출처—US Department of State, *Patterns of Global Terrorism*, 2001.
Released by the Coordinator for Counterterrorism, May 21, 2002.

팔레스타인 사람들, 스페인의 바스크 사람들, 프랑스의 코르시카 사람들, 북아일랜드의 가톨릭교도, 이라크와 터키의 쿠르드족, 인도의 시크교도 등이 있다. 이들은 현존하는 국민국가 안에서 독립 쟁취를 위해 투쟁하면서 테러를 저질렀던 경험을 가지고 있던 집단들이다. 테러의 전략을 채택한 무장 이슬람 집단은 알제리, 이집트, 레바논, 팔레스타인, 파키스탄, 카슈미르, 아프가니스탄, 사우디아라비아, 두바이를 비롯한 몇몇 나라에서 현재 활동 중이다.

여러 종류의 정치적 · 도덕적 의제를 가지고 있는 집단들은 테러 행위를 저질러 본 경험을 가지고 있다. 예를 들어 미국의 백인 우월주의자와 극우 민병대, 이탈리아, 독일, 콜롬비아의 좌익 무장 전사, 페루와 우간다의 농촌 운동 등이 이에 속한다. 여기에 이스라엘의 탄생이라는 공통의 목표를 위해 서로 다른 의제로 투쟁

같은 목표로 다른 조직에서 활동하는 테러 조직

▶하가나흐Haganah―이스라엘의 준군사 조직.

▶이르군Irgun―민족군사단. 시온 계열의 군사 조직.

▶스턴 갱Stern Gang―이스라엘 자유투쟁군. 창시자 스턴의 이름으로 알려진 군사 조직의 별칭.

▶이오케이에이(Ethniki Organosis Kyprion Agoniston, EOKA)―영국으로부터 키프러스-그리스 연합국의 독립을 위해 투쟁한 키프러스 민족 조직.

하는 하가나흐, 이르군, 스턴 갱이나 키프러스-그리스 연합국의
탄생을 지지하는 이오케이에이, 그리고 이제 막 형태를 갖추기
시작한 갖가지의 테러 조직 등도 포함할 수 있다.▮

테러를 위한 동기는 얼마든지 많고, 다양하며 넓게 퍼져 있다.
거의 모든 나라가 테러의 성향을 가지고 있는 집단을 배출할 수
있는 잠재성은 얼마든지 있는 것이다.

테러리스트는 왜 그렇게 드물게 공격하는가?

테러 공격의 가능성을 생각하는 사람은 누구든 우리가 공공장
소, 사무실, 심지어는 가정에서도 얼마나 테러에 쉽게 노출되어
있는지를 안다. 완전한 보호라는 것은 아주 간단히 말해, 불가능
하다. 동기를 충동하는 것이 있다면 테러 공격에 대한 공포는 당
연할 것이다. 동기, 무기 그리고 기회 또한 널리 퍼져 있다. 테러
집단에게는 적어도 위협을 통해 주제를 부각시키고자 하는 유혹
이 매우 클 것이다.

그렇지만 집단 테러는 비교적 자주 일어나지 않는다. 게다가
집단 테러가 갖는 가장 치명적이고 파괴적인 사건은 특정 지역으
로 한정된다. 통계적으로 보면 사람들이 접하는 위험의 목록에서
저 아래에 있으니, 벌에 찔려 죽는 것과 번개에 맞아 죽는 것 사이
정도에 위치할 것이다. 왜 이렇게 테러 공격이 드문 것일까? 그렇
다면 앞으로는 테러 공격이 증가할 것 같은가?

대답하자면, 테러리스트들은 대부분 애초 목표대로 일을 진전

테러가 거의 일어나지 않거나
전혀 일어나지 않는 나라

지도에서 음영으로 처리한 부분은 2002년 세계 각 나라에서 비국가 집단에 의해 일어난 국제 테러 사건의 수를 제시하는 것이다. 이를 보면 사건은 특정 국가와 지역에 집중되어 있어서 다음과 같은 질문을 떠올리게 된다. 테러의 지역적 뿌리는 무엇인가? (5장 참조)

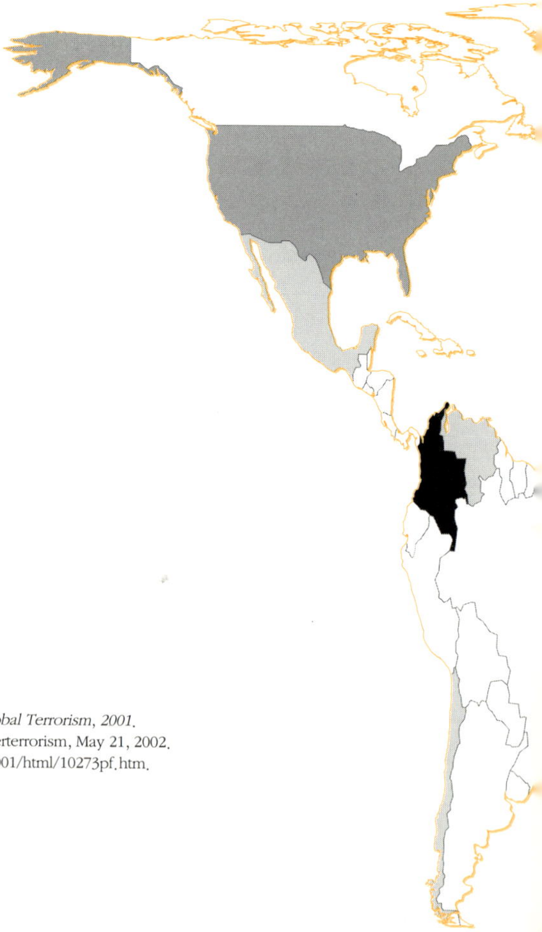

191

45

6~8

3~5

1~2

해당 사항 없음

▶출처—US Department of State, *Patterns of Global Terrorism, 2001*. Released by the Coordinator for Counterterrorism, May 21, 2002. http://www.state.gov/s/ct/rls/pgtrpt/2001/html/10273pf.htm.

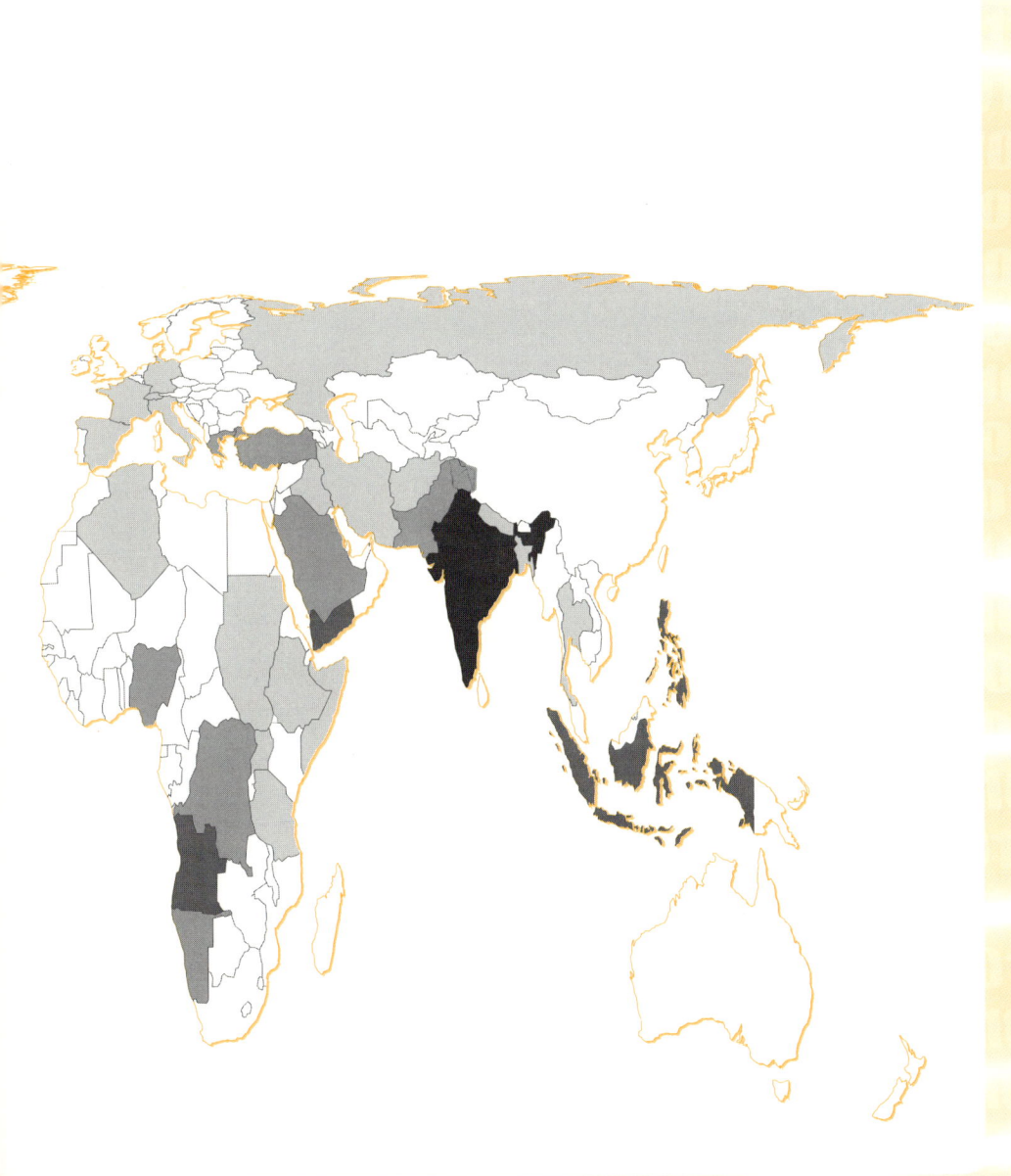

시키는 데 실패하기 때문이라는 것을 들 수 있다. 테러를 일으키는 사람들은 보통 물질적 상처나 폭력과 죽음을 퍼뜨리는 것 이상의 것을 하고자 한다. 정부를 전복하거나 적어도 정부의 정책을 변경시키려 한다. 폭력을 퍼뜨리는 것은 차라리 쉬운 반면 대부분의 조건에서 테러를 통해 정치적 목적을 달성하는 기회를 잡기란 매우 어렵다. 정부가 테러에 굴복하여 정책을 바꾸는 경우는 거의 없다. 테러리스트들이 원하는 방향으로는 더욱 그렇다. 그 대신 정부는 그들과 맞서 싸우는데, 가끔은 잔인할 정도다. 테러를 자행하는 사람들은 자신들이 예외적이고 매우 중요한 행동을 하고 있기 때문에 불화는 상관없다고 믿는다. 어떤 사람들은 야만적 대응을 유발하는 것이 다음 투쟁을 앞둔 사람들을 오히려 깨우칠 것이라고 믿을지도 모른다.

설사 이런 논리가 맞다 할지라도 성공에 너무 많은 비용이 들고 승리에 대한 보장이 없으면 오로지 갈등만 지속될 뿐이다. 따라서 실재하는 정치적 성공에 맞설 승산이 얼마냐 하는 것은 테러의 유혹에 빠질 수 있는 정치 운동 지지자가 테러에 빠지는 것을 억제하는 역할을 할 것이다. 2002년 6월 20일에 「자살 테러 중지를 위한 긴급 호소문」을 발표한 팔레스타인의 지식인과 유명 인사들이 지적한 것도 바로 이 문제였다. 이 인사들은 자살 테러가 "팔레스타인 사람과 이스라엘 사람 사이에 있는 (…) 증오를 더욱 깊게 할 뿐이다. 그리고 테러는 두 인접 국가 사이에서 평화적 공존의 가능성을 파괴한다. 그리고 자유와 독립을 바라는 우리 민족의 계획을 달성하는 데 전혀 기여하지 못한다."고 지적했다.

테러는 국가를 통치하는 이들과 정부가 국민들에 대해 정당성을 잃어버린 곳에서 가장 큰 효과를 낸다. 이러한 경우 가장 획기적인 성공은 식민주의에 저항하는 민족운동이거나 다른 민족이나 다른 문화의 지배에 저항하는 문화 민족운동이다. 일단 식민 권력이 자신들의 제국을 더 이상 유지하기 어렵다고 판단하면 폭력이나 폭력의 위협은 때때로 식민 권력을 떠나가게 하는 촉진제로 작용한다.

낙태 반대나 인종 혼합 반대와 같은 특별한 의제를 가지고 있는 테러리스트들은 자신들이 주장하는 것에 대해 대중성을 확보하고 새로운 지지자를 조금씩이나마 충원한다면 행동에 돌입할 수 있을 것이다. 그 가운데 어떤 이들은 어렵지만 매우 도덕적인 행동을 실행하는 데 만족하는 것 같기도 하다.

도덕적 장벽과 법적 장벽

보통의 도덕률에 의하면, 테러리스트들의 행동은 잘못이다. 테러에 대해 사회는 강력하게 통제하면서 도덕적으로 비난한다. 사적 재산과 공적 재산을 파괴하는 것은 대부분의 법과 도덕의 한계를 뛰어넘고 있는데다, 사람을 협박하거나 죽이는 것은 그 이상으로 무거운 일이다. 활동가들은 물론이고 정치적 목적을 위해 폭력에 의존하는 사람들조차도 민간인을 목표로 삼는 것은 꺼리는 것이 보통이다. 사람을 죽이는 것을 정당화하는 종교는 없다. 모든 가족이나 친구들 사이의 도덕은 사람을 죽이는 것을 용납하

테러로 인한 사망(1996년~1999년)

1. 테러로 인한 사망자 수

	1996	1997	1998	1999
아프리카	80	28	5,379	185
아시아	1,507	344	635	690
유라시아	20	27	12	8
라틴아메리카	18	11	195	9
중앙아시아	1,097	480	68	31
서유럽	503	17	405	16
미국	0	7	0	0
전 세계	3,225	914	6,694	939

▶출처—US State Department, *Patterns of Global Terrorism, 2001*, 21 May 2002.

2. 테러가 아닌 다른 원인으로 인한 사망자 수(미국)

	1996	1997	1998	1999
광견병	6,982	8,105	7,259	해당사항없음
운전 사고	42,065	42,013	41,501	41,611
보행자 사고	5,449	5,321	5,228	4,906
살인	19,650	18,210	16,970	15,530

▶출처—Roger D Congleton, 'Terrorism, Interest-Group Politics, and Public Policy:
Curtailing Criminal Modes of Political Speech', 『*The Independent Review 7*』 (Summer 2002); 59.

지 않는다. 범죄를 저지르지 못하도록 강제하는 법의 힘과 사회의 압력 또한 테러를 용인하지 않는다. 외형적으로 가하는 압력 또한 매우 실제적이다. 테러 용의자는 구속될 수 있고, 심리를 받을 수 있으며 처벌받을 수 있다. 테러 용의자는 장기 구금당하는 것이 보통이고 혹독한 심문을 당하며 때로는 고문도 당하는데 사형을 포함한 중형으로 처벌받는 것이 보통이다.

도덕적 장벽은 민간인을 공격하거나 상해를 입히거나 살해하는 것을 못 하도록 한다. 그러면서 '행위의 선전'으로 테러를 사용하는 것도 금지하고 있다. 대중들은 테러리스트들이 제기하는 급박한 이유에 감동을 받기보다는 피를 흘린다는 사실 때문에 테러리스트에게 멀어질 수밖에 없는 것이다.

대안은 때때로 존재한다

통계, 도덕, 법, 물질적으로 불리한 여건 등을 보면 대부분의 정치 활동가들이 어떤 행위를 하거나 저항을 하는 경우 일반적 저항과 다른 종류의 저항을 택한다는 것이 그리 놀라운 일은 아니다. 그러한 저항에는 선거 소송, 조직적 파업, 대중 시위, 혹은 단식 투쟁 등이 있다. 정부가 다른 방도를 봉쇄해 버리는 곳에서는 활동가들은 폭력의 길을 찾기도 한다. 그렇지만 설령 그렇다할지라도 많은 사람들은 경찰서나 관공서 혹은 군부대를 습격하지, 민간인을 목표로 하지는 않는다. 왜냐하면 게릴라전이 테러보다 낫기 때문이다.

테러의 전략을 채택하는 것은 저항 조직의 심각한 분열을 촉진할 수 있다. 테러를 반대하는 쪽에서는 테러 사용이 다른 여러 종류의 정치로부터 에너지를 앗아 가 버리고 정당한 행위를 침해할 뿐이라고 지적할 것이다. 뿐만 아니라 테러 사용은 무고한 시민에 대한 폭력을 용인한다는 사실 때문에 신랄한 비판에 직면할 수밖에 없다. 테러에 대해 가장 효과적인 비판은, 테러 집단과 같은 목표를 가지고는 있지만 목적 달성을 위해 오로지 비폭력만을 사용하는 활동가들에게서 나온다.

테러 집단은 물질적 지원과 도덕적 정당성을 동시에 필요로 한다. 아주 기초적 수준의 테러 작전을 감행하기 위한 예산은 그리 크지 않다 하더라도 거기에는 노력과 돈이 들어가고 무기 조립 같은 기술, 폭탄 제조를 위한 물자, 훈련, 조직 구성 등이 더 필요하다. 알-카에다의 예산이 어느 정도인지 알 수는 없다. 하지만 그 예산이 어느 작은 국가의 군사 예산보다는 더 크다는 것에는 의심의 여지가 없다. 알-카에다는 수단, 아프가니스탄, 필리핀 그리고 인도네시아에 빌딩, 컴퓨터, 위성 전화, 무기, 군수품, 기초 실험실 등을 갖춘 훈련 캠프를 가지고 있다. 알-카에다는 사우디아라비아의 부호와 같은 후원자를 비롯해 곳곳에 널리 퍼진 여러 자선 조직에서 거대한 자금을 받고 있다. 그래서 그들은 비행기 티켓을 구입할 수 있고 훈련 자금을 충당할 수 있으며 파키스탄과 같이 비교적 비싸지 않은 나라에서부터 미국, 영국, 이탈리아, 네덜란드, 벨기에, 프랑스, 독일, 스페인 등과 같이 비싼 나라에서 훈련을 수행하는 많은 연대 조직 회원들이 쓰는 일상 비용도 충당할 수 있다.

알-카에다와 반대되는 성격의 집단도 있다. '직접행동'이라는 이름으로 스스로를 부르는 다섯 명의 캐나다 행동대원들은 1980년대 초, 일 년 이상 필요한 무기와 폭발물, 현금을 모았다. 그 기간 동안 목표물 탐구와 계획 시간표 고안, 무기 다루는 법까지 훈련을 마쳤다. 그리고 나서야 밴쿠버에 있는 던스뮤어Dunsmuir 발전소에 폭발물을 설치할 수 있었다.[2]

냉전 시기 동안에 테러 집단은 어느 한쪽 정부의 지지를 받거나 가끔은 양쪽 모두의 지지를 받았을 수 있다. 이런 테러 집단은 아마 지금까지도 자금의 대부분을 특정 정부에서 지원받고 있을 것이다. 거대 권력은 상대적으로 작은 권력을 가진 통치자가 문제를 일으킬 때 그를 대체하려 하거나 암암리에 약화시키려 테러 집단에게 자금을 대 주기도 한다. 어떤 때는 권력이 약한 집단이 이웃의 적대 정권을 전복시키기 위해 테러에 관심을 가질 수도 있다. 테러리스트들은 다른 종류의 자금줄을 타진할 수도 있는데 그러한 것들로는 비즈니스 경영, 마약이나 다이아몬드의 밀거래, 납치·절도·신용 카드 사기 등과 같은 범죄, 지지자에게 받는 후원금, 그리고 자신들을 지지하는 해외 이산 집단으로부터의 송금 등이 있다. 테러라는 것은 항상 경제와 밀접한 관계를 가지고 있기 때문에 자금의 흐름을 통제하는 사람들은 테러의 힘을 상당히 통제한다. 그리고 테러가 자금 수입을 위한 사업이 될 가능성은 항상 존재하고 있다.

테러를 정당화하기가 어려운 까닭

어떠한 장벽이 있어도 하고자 하는 집단은 꼭 테러를 감행하고 만다. 타밀엘람해방호랑이(LTTE)가 보여 주듯 때로는 거대한 규모로 폭발하기도 한다. 스리랑카 북부에서 타밀 독립국을 세우기 위해 타밀엘람해방호랑이는 효과적으로 게릴라전을 전개하면서 스리랑카 정부군과 인도군의 공격에 저항해 왔다. 뿐만 아니라 그들은 수백 가지 테러를 자행하였는데 목표로 삼은 대상은 정부와 군부 지도자, 온건파 타밀 정치가, 라이벌 타밀 게릴라 지도자, 무슬림 소수 종족 지도자, 노동자들, 군중이 운집해 있는 경제 시설 등이다. 1983년 이래로 그들이 자행한 백오십 건에서 이백 건에 달하는 자살 테러는 엄청난 결과를 초래했는데 그 가운데는 1991년의 전 인도 수상 라지브 간디Rajiv Gandhi, 1993년의 스리랑카 대통령 라나싱게 프레마다사Ranasinghe Premadasa 암살도 있다. 1996년에는 스리랑카 중앙은행 바로 앞에서 자살 트럭 폭탄 공격을 감행해 88명이 죽고 천4백 명이 부상당했다.

타밀엘람해방호랑이의 지도자 벨루필라이 프라바카란Velupillai Prabhakaran이 말하는 것을 들어 보면 테러를 공공연하게 정당화하는 것이 얼마나 어려운지를 잘 알 수 있다. 그는 2001년 11월 27일 연설에서, 타밀엘람해방호랑이 같은 집단은 '구체적인 정치적 목적'을 위해 폭력을 사용하기 때문에 테러리스트가 아니라고 했다. 그는 전 지구적 차원에서의 테러와의 전쟁은 '진짜 테러리스트'와 싸워야 하는 것이라고 했다. "서구 민주 국가들은 테러에 대해 더 명확하고 이해 가능한 정의를 내려야 한다. 그리고 그 안에서 자결권에 기초하여 벌이는 자유 투쟁과 광신주의에 기초하여 벌이는 맹목적 테러는 분명히 구분되어야 한다."[3] 고 말했다.

테러에 대해 이보다 더 솔직하고 일관된 해석은 말레이시아 수상 마하티르Mahathir Mohamad에 의해 이루어졌다. 마하티르는 2002년 3월 이슬람국제회의기구(Organization of Islamic Conference, OIC)의 외무장관회의에서 "공격을 감행하는 자들이 스스로 했든 정부의 명령에 따랐든, 그들이 정규군이든 비정규군이든, 일단 그 공격이 민간인에 대해 이루어졌다면 그들은 테러리스트일 수밖에 없다."고 주장했다. 이슬람국제회의기구는 이에 대해 의견 일치를 보지 못해 테러에 대한 일치된 정의를 내리는 데 실패하였다. 그들이 안고 있는 문제는 "팔레스타인 사람들이 독립 국가를 건설하기 위한, 결코 양도할 수 없는 권리를 행사하면서 벌이는 투쟁과 테러를 연결시키려는 그 어떠한 기도도 거부"하겠다는 결정 속에 명확하게 드러나 있다.

테러를 옹호하는 사람들은(물론 그들은 '테러'라고 하는 용어를 사용하지 않겠지만) '정당한 투쟁' 이외에도 다른 몇 가지 주장을 펼친다. 그들은 쓸 수 있는 다른 수단이 없다고 주장한다. 그리고 공격을 받는 사람들은 진압에 관여하는 군대나 정부를 지지하기 때문에 사실 민간인이 아니고 군인이라는 사실도 주장한다. 그 사람들은 범죄자이거나 살인자며 심지어는 인간도 아닌 자이고, 야만적이고, 개화되지 않은 사람들이며 짐승 같고, 종교적이지 못하거나 사악하며 완전한 인권을 누릴 자격이 없는 자들일 뿐이라고 말한다. 또 어떤 조직은 민간인을 목표로 한다거나 심지어는 사람 자체를 목표로 한다는 사실을 완전히 부인하기도 한다.[4] 테러 행위를 정당화하지 못하면서 생기는 도덕적이고 실제적인 어려움은 미래의 테러리스트를 충원하는 데 문제가 생긴다는 점이다. 많은 사람들이 가담하기 위해서는 몇 가지 종류의 정당화가 수용 가능한 환경에서 작동해야 한다. 수용 가능한 환경의 몇 가지 모습은 5장에서 다루고자 한다. 모욕을 당하고, 힘을 다 빼앗기고, 불리하기만 한 여건에 놓인 사람들, 폭력 외에 그 어떤 선택도 할 수 없는 사람들에게 테러의 정당성에 대한 호소는 훨씬 더 설득력 있기 마련이다.(215쪽, '성공한 테러' 참조)

테러는 항상 정치의 벼랑 끝에서 일어난다. 정치적 명령과 충성은 그보다 더 멀리까지는 뻗쳐 나가지 못한다. 정치적 불만, 압제당하거나 무시당한 경험, 안보의 실패 혹은 종교적 부흥 등은 몇몇 사람들을 안전 규칙이 더 이상 적용되지 않는 벼랑 끝 어디론가 내몰 것이 분명하다. 테러가 언제 어디서나 가능하다는 사실을 알면 왜 테러가 어떤 특정 장소와 시간에 확 타오르고, 지속되는지 대답할 필요가 없게 된다. 그리고 테러의 위험이 왜 갈수록 커져 가고 있는지, 정부나 시민 모두가 미리 위협을 느껴야 하는지의 여부도 설명할 필요가 없게 된다. 다음에 나오는 종교적·민족적·정치적인 차원에서의 몇몇 테러 사건들에 대한 간단한 해설이 이러한 문제를 어떻게 풀 것인지를 명쾌하게 하는 데 도움을 줄 것이다.

종교적 투사들

테러의 초기 사건 가운데 몇몇은 종교 운동과 관련을 가지고 있다. 근대 세속 국민국가를 세우기 전에는 종교적 의무를 정치적으로 표현하고자 하는 야망 때문에 갈등이 생겼고, 다원적인 국가와 제국에 큰 재앙이 발생했다. 아래의 세 가지, 젤롯Zealot, 아사신Assassin, 투그Thug에 공통으로 나타나는 단어는 종교적 행동주의다. 이 단어들은 지금도 여전히 발견되고 있는 여러 폭력의 형태와 동기를 알려 준다.

젤롯 | 젤롯은 유대교의 순수주의 해석에 대한 급진적 옹호자로 로마가 유대 땅을 통치할 때의 정치적 자치를 부르짖었다. 그들은 로마 정권과 타협한, 율법적이고 학구적인 바리새파나 엘리트주의적인 사두개파에 대해 결단코 반대하였다. 그들은 로마인들뿐만 아니라 유대인 사이에서 자신들과 경쟁하는 정치 종교 집단에 대해서도 게릴라전과 테러의 책략을 사용하였다.

아사신 | 니자리 이스마일리Nizari Ismaili를 정치적으로 비난하는 사람들이 붙여 준 이름인 '하시시 피는 사람들(하사신)'이 원래 이름이다. 어원을 좀 더 자세히 살펴보면 그들은 스스로 '아사시윤assassiyun' 즉 아사스(assass, 이슬람의 기초)에 충실한 사람들이라고 불렀다.[5] 이 집단은 11세기 말, 바그다드에 있는 수니 아비시드Sunni Abissid에 맞서 카이로에 칼리프를 세운 시아파 이슬람과

결별하였다. 그 후 약 2세기 동안 그들은 양 칼리프의 정당성에 대하여 논쟁하면서 셀주크 투르크Seljuk Turk 통치에 저항하였다. 창시자인 핫산 사바흐Hassan Sabbah의 영도 아래 이 집단은 페르시아에 있는 알루마트Alumat 산성을 확보하게 되는데 여기를 근거지로 하여 상인들에게 보호를 명목으로 통행료를 거두어들였다. 그들의 순수한 이슬람 교리는 지도자의 권력에 복종할 것과 특정 적의 암살은 정의로운 것이라고 강조하였다. 특수 훈련을 받은 자객이 암살을 위해 칼을 소지한 채 파견되었는데 자객들은 잡히면 순교자로 처형되는 것을 기꺼이 받아들였다.

투그 | 영국 식민 정부가 1830년대 인도에서 통치권을 확립하였을 때 영국 통치자들은 살인과 강도가 끊이지 않고 일어나서 골머리를 썩이고 있었다. 영국 식민 정부가 이에 대해 깊이 조사를 해 보니 이 문제는 힌두교의 여신 파괴자 칼리를 믿고 따르는 비밀 결사, 즉 '투그' 혹은 '투기thugge'라고 불리는 범죄 집단에 의해 자행된 것임을 알게 되었다. 영국인들은 이 이단 종파가 특유의 종교적 의무를 이행하기 위해 나그네를 잡아 일정한 의례 절차에 따라 목 졸라 죽였다는 사실을 알게 되었다. 그들이 저지른 폭력은 의례 측면에서 보면 한때 그들이 가졌던 정치적 목표를 대체하는 것처럼 보였다. 최근 나온 근거를 다시 검토해 보면 투그 집단은 적어도 4백 년 동안 5십만 명에 이르는 수의 사람들을 죽여, 인류 역사상 가장 오래 지속된 살인 집단이었다는 결론에 이르게 된다.[6]

최근 일어난 테러 가운데 아주 적극적이고 집요한 싸움은 종교와 연계되어 있다. 젤롯과 아사신처럼 기독교, 시크교, 무슬림, 힌두교, 유대교 그리고 기타 다른 종교의 무장 전사들은 자신들의 종교적 요청에 따라 적과 싸우기 위해서는 폭력을 사용할 필요가 있다는 확신을 가지고 있다. 대부분의 사람들이 테러를 무고한 시민에 대한 폭력으로 보는 반면 그 종교 전사들은 테러를 악행자에 대한 싸움으로 본다. 이러한 사실은 근대 이전의 유사 테러들을 보면 분명해진다. 하지만 매우 중요한 하나의 차이점도 있다. 젤롯, 아사신, 투그는 원래 세속 정치의 이상이 정치적 종교를 대체하지 못한 곳과 때에 일어났다. 근본적으로 종교적 해석이 정치를 통제할 수 있느냐를 두고 갈등이 일어난 것이다.(216쪽, '테러를 정당화하기' 참조)

주요 종교는 테러 분파를 가지고 있는데 신자의 대다수는 그 테러를 지지하지 않는다. 자신의 종교가 테러 행위를 요구한다고 믿는 종교 전사들은 항상 두 무리의 적과 대적하게 된다. 하나는 자신의 종교 밖에 있는 사람으로 테러를 반대하는 경우이고, 또 하나는 자신과 같은 종교를 가진 사람으로 테러를 반대하는 경우다. 두 경우 모두 그들의 테러 목표가 된다.

미국에 있는 두 종류의 테러리스트가 자신들의 테러를 정당화하기 위해 기독교 교리를 인용한다. 그 가운데 하나는 낙태에 대한 혐오다. 마이클 브래이Michael Bray 목사는 1980년대 워싱턴 인근에서 낙태 의원 일곱 곳을 파괴한 죄로 4년간 수감 생활을 했다. 마이클 브래이 목사는 자신의 책 『죽여야 할 시간A Time to

Kill』을 통해 낙태를 반대하기 위해 '방어 폭력('살해'에 대한 완곡한 표현)'을 사용해야 한다고 옹호하고 나섰다.[7] 마이클 목사가 가진 독특한 교리인 주권 신학Dominion Theology은, 기독교는 반드시 정치와 사회 위에 하나님의 주권을 세워야 한다고 주장한다. 부흥 신학Reconstruction Theology을 추종하는 급진적 낙태 반대 운동의 활동가들은 완전한 기독교 신정 국가를 세울 것을 목표로 삼고 있다. 그들은 자신들의 지적 유산을 칼뱅John Calvain에서 찾고 있다.

미국에서 테러를 지지하는 또 다른 기독교 운동인 '기독 정체성Christian Identity'은 다가올 미래에 백인 유럽 인들이 사기꾼이자 악의 세력인 시온주의자 점령 정부(Zionist Occupation Government, ZOG)를 전복시키고 성경의 법으로 통치되는 극단적으로 순수한 사회를 세우는 혁명이 일어날 것이라고 예견하고 있다. 그 가운데 몇몇 신자는 오클라호마 시 안에 엘로힘 시티Elohim City라는 공동체를 세워 그곳에서 자신들의 교리를 실천하고 가르치며 다가올 싸움에 대비하여 훈련을 하고 있다. 1995년 오클라호마 시를 폭파하여 168명을 살해한 죄로 사형당한 티모시 맥베이는 이 엘로힘 시티와 연계되어 있었다.[8]

조상을 비롯한 몇몇 영혼을 믿는 전통을 가지고 있는 아프리카는 예언적 기독교 운동이 일어날 수 있는 좋은 토양이 되어 왔다. 정부가 약하고 갈등 상황 아래 있는 몇몇은 쉽게 폭력에 의존한다. 예를 들어 1986년 북부 우간다에서는 알리스 라크웨나Alice Lakwena가 이끄는 한 예언적 기독교 운동 반군이 '성령기동타격

'기독 정체성'의 정치

장소는 엘로힘 시티, 동부 오클라호마의 오작Ozak 산맥 안에 있는 한 격리된 종교 공동체다. 로버트 밀라Robert Millar라고 하는 턱수염을 기르고 있는 캐나다의 전 메노파Mennonite 목사의 지도 아래 75명의 남성, 여성 그리고 아이들이 기독 정체성이라고 알려진 한 종교 이념을 참된 신앙으로 믿고 있다.

이 '기독 정체성' 신자들은 성경의 창세 이야기를 다시 해석함으로써 근래의 인종차별주의에 대한 우주적 합리화를 발견했다고 믿고 있다. 이 재해석에 의하면 아시아인과 아프리카인의 기원은 성경의 '들의 짐승', 즉 인간보다 한 등급 아래에 속하는 존재에 있다. 그들의 존재는 하느님이 '그의 형상에 따라' 아담을 창조하기 이전부터 이미 있었다. 따라서 아담은 인류의 첫 조상이 아니고, 백인의 첫 조상인 것이다. 창조에 대한 기독 정체성의 해석이 보여 주듯, 뱀은 백인으로 위장하여 에덴동산으로 들어가고 이브를 유혹하여 결국 카인이라는 아들, 즉 악마를 잉태한다. 이로써 유대인이 역사의 무대 안으로 들어간다. 유대인을 악마로 만드는 것은 서구 문화 안에서 장구한 역사를 가지고 있지만, 현대의 인종주의자들에게는 이 '기독 정체성'이 유대인이야말로 '사탄의 자식'이라는 것에 대한 절대적 근거를 제공해 주고 있다. 그들의 근거는 전 세계에 널리 퍼진 유대인 음모론을 뒷받침해 주는 증거인 19세기에 위조된 문서「시온 의정서」보다 훨씬 더 설득력이 있다. 이 '기독 정체성'을 신봉하는 사람들은 반셈족주의와 인종주의의 근거를 성경에서 찾는 것이다.

언론에 의해 연계가 이루어지기는 매우 어렵지만, 기독 정체성은 아리아인 국가, 중서부 민병대Midwestern Posse Comitatus, 자유민Freemen 집단 같은 몇몇 집단의 이데올로기의 중추를 제공해 준다. '아리아인 국가'는 서부의 산악 지역을 백인의 고향으로 주장하고, 무장 지하 조직인 '중서부 민병대'는 지역 보안관을 최고위의 정당한 선출직 관리라고 주장하며, '자유민' 집단 가운데 하나는 1996년 법 집행관이 근접하지 못하도록 저지하기도 했다.

더 실제적인 수준에서 보면, '기독 정체성'을 따르는 사람들의 거주지는 활동가들에게 피난처를 제공해 주고 있는데, 북아이다호의 헤이든 레이크에서부터 오클라호마와 아칸소 주 경계에 있는 엘로힘 시티까지 줄지어 있다.

▶출처—제임스 리지웨이James Ridgeway, 제1조 연구를 위한 연구소Institute for First Amendment Studies, July/August 1997.

대(Holy Spirit Mobile Force, HSMF)'를 조직하기도 했다. 이 성령기동타격대는 남부에서 군사를 모집하면서 한때는 우간다 방위군에게 심각한 위협이 되었다. 그러다 알리스 라크웨나가 케냐로 도주하면서 세력이 약화되었다.

뒤를 이어 조셉 코니Joseph Kony가 라크웨나의 후계 예언자임을 자처하면서 '주主의 저항군(Lord's Resistance Army, LRA)'이라 불리는 집단과 함께 싸우기 시작하자 테러가 다시 확산되었다. 그들은 수십 개의 마을, 학교, 창고 등을 파괴하였고 수천 명의 아이들을 유괴하였으며 그 가운데 남자 아이들은 전사로 만들어 싸움터로 내몰았고 여자 아이들은 성노예로 삼았다. 그들이 표방한 종교 운동은 모두 사라져 버렸고, 지금은 소수 일부 지도자의 이익을 위해 그리고 남부 수단에 거처를 둔 반군에 대한 대항마로 사용하고 있다. 우간다 정부를 괴롭히려는 수단 정부 때문에 지속되는 하나의 공포 집단으로 전락되어 있을 뿐이다.[9]

기독교 교리에 대한 특정 해석을 구체화하기 위해, 신정정치를 실현하기 위해 폭력 사용을 옹호하는 집단은 특정 국가에서 권력 암투를 벌이는 비교적 작은 규모의 운동으로 잔존할 수밖에 없다.

기독교와 마찬가지로 이슬람 또한 많은 신자를 확보하기 위해 수많은 종류의 교리가 난립하고 있다. 이슬람의 정치적 표현을 혁파하고자 하는 주요 개념은 대부분 제2차 세계대전 이후 이집트와 파키스탄의 활동가들에서 나온 것으로 모두 세속적 국가주의를 반대하는 것이었다. 1950년대와 1960년대에 이집트에서는 나세르Abdel Gamal Nasser 대통령이 청교도적 이슬람의 대표적 옹호자이면서 문필가로 상당한 영향력을 가지고 있던 사이드 쿠틉 Sayyd Qutb과 무슬림형제단Muslim Brotherhood을 세운 하산 알-반나 Hasan al-Banna 같은 사람들을 억압하였다. 그러자 그들은 파키스탄의 마울라나 마우두디Mawlana Mawdudi가 세운 자마티 이슬라미 (Jamaat-i-Islami, 이슬람 의회)에 가담해 버렸다. 그러면서 전 세계 무슬림들에게 이슬람의 가르침을 반영하기 위해 세워진 국가 안에서 자신들만의 과학과 기술의 진보를 달성하자고 호소하였다.

이러한 활동가들에게는 이스라엘의 건국, 수백만 팔레스타인 난민의 발생, 무슬림 사회가 겪고 있는 실업과 빈곤은 모두 서아시아와 무슬림 세계에 팽배해 있는 세속적 국가주의가 실패한 것을 확실히 보여 준 증거일 뿐이었다. 마우두디는 영국과 프랑스의 식민주의가 무슬림의 정체성과 범무슬림의 통합을 심각하게 위협하고 있는 것으로 판단하였다. 마우드디는 인도의 간디와 네루, 인도네시아의 수카르노 같은 사람들이 조장하는 세속적 국가주의는 서구의 또 다른 모습일 뿐이라고 하였다.

이란의 아야톨라 호메이니Ayatollah Khomeini와 함께 쿠틉과 마우두디는 변화와 혼란을 겪고 있는 전 세계의 모든 무슬림 개인과 국가를 위한 통합을 통해 특정 형태를 갖춘 적극적 이슬람 이데올로기를 개발하였다. 그들은 『꾸란』과 무함마드의 생애, 초기 무슬림 공동체를 반드시 따라야 하고, 이슬람 법은 무슬림 정치 구조의 모본이라고 가르쳤다. 사회 혁명과 과학 발전은 이슬람 안에서 추구되어야 하고 서구의 사상과 가치를 빌어서 해서는 안 된다고 주장했다. 진정한 이슬람 사회 건설은 쿠틉이 '자힐리야

●샤리아─꾸란, 하디스 등에
기초를 둔 이슬람 법을 샤리
아sharia라고 한다. 옮긴이

jahiliyya' 라고 명명한 무지, 탐욕, 부도
덕이 판치는 환경 속에서 개인적·정치
적으로 투쟁하는 것, 즉 진정한 이슬람을
위한 지하드에 가담하는 것을 뜻한다. 샤
리아와 진정한 이슬람을 이행하는 것에 실패한 정부는 자힐리야
의 일부로, 십자군 전쟁 이래로 이슬람을 모욕해 온 서구 사회와
다름없을 뿐이라는 것이다.[10]

순수하면서 정치적인 무슬림 공동체에 대한 현대적 요청은,
250년 전 알-와하브Muhammad ibn Abd al-Wahhab에 의해 창시되었
고 지금은 사우디아라비아의 공인 종교인 청정 이슬람의 와하비
운동에 의해 제기된 것과 유사하다. 이슬람 활동가들이 비록 사
우디아라비아 지도자들에게 공인 순수 이슬람 신조를 제대로 지
켜 내지 않고 있다고 조롱하기는 하나, 그들 스스로는 아프리카
에서 인도네시아에 이르는 전 지역에 와하비주의를 선양하기 위
해 사우디아라비아 정부가 세운 수백 개의 기관, 학교 그리고 마
드라사(madrassa, 신학원)에서 다양한 이익을 누리고 있는 것이 사
실이다.

1960년대 말에서 1970년대까지 이집트, 레바논, 팔레스타인 등
지에서 일어난 이슬람 개혁 운동에 헌신한 몇몇 지도자와 기관은
자신들의 정부를 향해 이슬람을 배신한 자들이라고 성토했다. 그
러면서 정부에 대해 폭력을 사용하여 싸우는 경향이 격해지기 시
작했다. 갈수록 통치 집단에 대해 비판의 날을 세웠고 행동은 갈
수록 폭력적으로 되었는데, 그러한 현상은 1967년 아랍-이스라엘

전쟁에서 패배하여 땅을 빼앗기고 권위를 실추당한 뒤부터 본격화되었다.

국제판 순수 이슬람 운동은 이란 혁명이 일어나고 테헤란의 미국 대사관에서 인질극이 일어나던 1979년부터 크게 일어났다. 미국은 중앙아시아에서 부상하는 소련의 권력을 견제하기 위해 이슬람 부흥 운동의 에너지에 관심을 돌리려고 노력하였고 그 결과 순수 이슬람 운동을 적극적으로 추진시켰다. 페르베즈 아미르 알리 후드보이Pervez Amir Ali Hoodbhoy는 이에 대해 다음과 같이 설명하였다.

"미 중앙정보부는 미국의 가장 절친한 동맹인 파키스탄의 지아 울 하크Zia ul-Haq와 손잡고 이슬람 성전을 위해 싸울 전사를 이집트, 사우디아라비아, 수단, 알제리에서 충원하였다. 이슬람 급진주의자들은 초강대국 동맹이자 후원자인 미국이 무자헤딘(mujaheddin, 성스러운 이슬람 전사)에게 자금을 집중적으로 퍼부어 주자 열성적으로 활동했다. 로널드 레이건Ronald Reagan은 백악관 잔디밭에서 그들에게 향연을 베풀기도 하였다.[11] 이 계획을 성사시키기 위해 사우디아라비아와 파키스탄의 중앙정보부가 합작하였다. 미국은 이중적으로 돈을 뿌렸다. 아프가니스탄에서 소련을 방해하는 일이나 이슬람 무장 전사를 서아시아에서 벗어나 아프가니스탄에서 싸우도록 방향을 틀어 주는 것은 모두 아주 매력적인 일이었다.[12] 1989년 2월 아프가니스탄에서 소련군이 철수한 것은 그야말로 극적 전환점이었다. 새롭게 싹튼 이슬람 전사의 에너지를 통제하고 방향을 전환한 것은 미국과 사우디아라비아의 합작 전략이 승리한 것으로 보였지만 실제로는 새로운 국제 테러리스트 세력의 시작이었다."

마찬가지로 다른 나라에서는 새로운 이슬람 조직들이 우후죽순으로 생겨나기 시작했는데 그 조직들은 일자리를 제공하고 물질적으로 혜택을 주는 일에 실패한 정부 대신 가난에 빠진 도시의 청년층을 먹여 살리는 일을 끈질기게 실천하였다. 두 가지의 예를 들어 보자. 팔레스타인에서 1987년 인티파다가 시작되었을 때 이스라엘 저항 운동 단체 하마스는 각 사회봉사 지부와 이스라엘에 대한 강경 반대로 인해 아라파트의 세속적 '팔레스타인해방기구

● 인티파다─팔레스타인에서 일어난 대 이스라엘 저항 인민 운동을 가리켜 인디파다 intifada라고 한다. 옮긴이

(PLO)'의 강력한 라이벌로 부상하였다. 1990년대 초기 알제리에서는 '이슬람구국전선Islamic Salvation Front'이 강력한 정치 조직으로 부상하면서 선거에서 알제리 민족주의 정부에 큰 도전 세력이 되었다. 군사 쿠데타와 내전만이 그들을 권력에서 쫓아내는 유일한 방법이었다. 정부는 이 운동에 두려움을 느껴 라이벌을 육성하고자 초기에는 무슬림 급진주의 조직을 지원하였다. 이집트의 사다트Sadat 대통령은 좌익 운동의 대항 세력으로 무슬림 무장 조직들을 지원하였는데 결국 1981년 그 조직의 조직원에게 피살되었다. 이스라엘은 아라파트 조직의 힘을 약화시키기 위해 가자 지구의 하마스 초기 지도자들을 암암리에 지원하였다. 그렇지만 결국 하마스는 1987년에 터진 첫 인티파다 동안 도저히 화해

할 수 없는 적이 되어 버렸다.[13]

아프가니스탄에서 전쟁을 수행하기 위해 십수 개 나라에서 모여 같이 공부하고 훈련받던 무슬림 청년 수만 명이 겪은 경험은 국제적으로 새로운 조류의 활동을 강화시키는 계기가 되었다. 캠프를 만들어 내는 데는 쿠틉이나 마우두디, 와하비주의의 도움을 받았지만 훈련은 생각과는 달리 훨씬 더 제한적이었고, 도구적 관점에서 진행되었다. 그들은 이슬람 세계 내의 타락한 정부, 그리고 미국과 유럽 중심의 지구 통치에 대한 싸움을 수행하기 위해 충성스럽고 의심의 여지가 없으며 효과적인 군대를 창설하는 것을 목표로 하였다. 다국적 훈련, 전쟁 수행, 승리의 경험은 몇몇 야망을 품은 군사 지도자들에게 '악의 세력'에 대해 새로운 종류의 공격을 꿈꾸게 하였고 그 임무를 기꺼이 수행할 사람들을 찾을 수 있게 했다.

국가 없는 민족주의자

민족주의는 종교와 마찬가지로 정치에 관한 격정을 불러일으킨다. 제국들은 국민국가의 형태로 정치적 경계를 다시 그려 냈다. 맨 먼저 유럽에서 시작되었고 이어 유럽의 정치 식민지들이 기나긴 유혈 정치 소용돌이를 겪으면서 이어졌다. 그 과정을 거치면서 어떠한 집단의 문화적 정체성이 정치적 표상을 획득할 것인가의 문제는 여전히 많은 곳에서 뜨거운 논쟁거리가 되고 있다. 현재 대부분의 국가는 다양한 문화 집단과 언어 집단을 기반으로 구성되어 있다. 몇몇 집단의 구성원들은 민족의 운명에 관한 목소리를 듣고 자신들만의 독립 국가를 위해 분란을 마다하지 않는다.

어떤 집단은 통치 조직, 행정 체계, 군대 등을 갖춘 국가로서의 성격을 획득하려고 국가와 같은 조직화를 시도한다. 그러자니 현존하는 국가와 갈등을 일으키는 것은 피할 수 없는 일이 되어 버리고 폭력을 통한 갈등이 생길 수밖에 없었다. 그들은 게릴라전의 형태를 띠는 경향을 보이지만, 테러의 가능성도 늘 존재한다. 어떤 곳에서는 테러가 투쟁을 이루는 중요한 요소일 뿐만 아니라 심지어는 필수적인 것으로까지 자리 잡기도 했다.

유럽과 북아메리카는 비교적 관록이 있고 잘 정립된 국민국가들이 있지만 몇 가지 해결되지 않은 민족주의 요구 사항 또한 품고 있다. 아일랜드공화국 독립운동을 벌여 온 '아일랜드공화국운동'과 그 일파, '바스크조국과자유(Ezukadi Ta Azkatasuna, ETA)' 등은 민간인에 대해 폭력을 사용하는 것을 전혀 꺼리지 않아 왔다. '퀘벡해방전선Front de Libération de Quebec'과 '코르시카민족해방전선National Liberation Front of Corsica'은 테러에 의존하는 것을 완전히 배제하지는 않고 있다.

'바스크조국과자유'는 민족주의 테러가 어떻게 생겨났는지를 잘 보여 주고 있다. '바스크조국과자유'는 유럽이 중세 이래로 유지해 온 스페인과 프랑스에 걸쳐 있는 바스크 지역의 법적 자치를 보호하고 증대하고자 1894년에 세워진 '바스크민족주의당 Basque Nationalist Party'에서 성장하였다. 바스크 민족주의자들은 전후 스페인의 프랑코 총통의 중앙 집권적이고 전제적인 통치 아래 엄청난 억압을 당했다. 바스크 자치는 폐지되었고 민족주의 지도자는 파리로 망명하였다. 그 이후 정치 시위를 비롯한 몇몇 비폭력 행동은 아무런 성과를 거두지 못하였고 그런 상황에서 젊은 민족주의자들이 1959년에 바스크 독립을 쟁취하기 위한 반식민 민족운동으로 '바스크조국과자유'를 세웠다. '바스크조국과자유'가 스페인의 파시스트 정부에 대항하여 싸우겠다는 목적을 유지하는 한 폭력 사용은 바스크 지역에서 많은 지지를 얻었고 스페인의 다른 지역과 다른 나라들로부터도 동조를 얻었다. 하지만 민족주의자와 사회주의 혁명주의자로 분열된 뒤 사회주의 혁명주의 노선을 선택한 이들은 투쟁의 한 방법으로 파괴와 암살을 기꺼이 사용하게 되고 말았다. 암살의 주요 목표는 정부 관리, 정치인 그리고 군부였다.

1973년 극적인 사건이 벌어졌는데, '바스크조국과자유'가 프랑코의 공공연한 계승자로 자처한 루이스 카레로 블랑코Luis Carreo Blanco 장군을 암살한 것이다. 이 암살은 파시스트 전제 통치를 빨리 종식시키는 원인으로 작용했고, 게다가 '행동-보복-행동'이라고 부르는 악순환의 시작이 되기도 하였다. 정권은 군대를 파견해 범인을 응징하였고 기나긴 지역 전쟁이 시작되었다. 이후 테러는 이십 년간 지속되었다. 가장 처참한 해인 1980년에는 '바스크조국과자유'가 118명을 살해했다. 그 후 스페인에 민주 정권이 들어서고 바스크 지역에 자치가 부여된 후 '바스크조국과자유'의 정책은 여론의 지지를 잃었고 운동 내부도 갈등으로 분열되었다. 하지만 독립을 위해 끝까지 버티는 전사들은 정부의 사면 요청을 거부하고 법망을 뚫고 계속 피해 다니고 있다.

'바스크조국과자유' 의 테러

아일랜드공화군의 경험에서 영향을 받은 '바스크조국과자유' 는 1998년 9월 휴전을 선언했고, 바스크 민족주의 정치인들이 민족 자결에 대한 협상을 해 줄 것을 요구하였다. 그때까지 그들이 살해한 사람의 숫자는 8백 명에 달하였는데 절반 이상이 스페인 군인과 경찰이었다. 스페인 정부는 지속적으로 체포 작전을 벌였고 '바스크조국과자유' 는 군대 거점을 급습하거나 재물을 파괴하는 등의 공격을 끊임없이 벌여 왔다. 일 년여가 지난 후 '바스크조국과자유' 는 평화 과정을 방해하고 독약을 뿌린다고 선언하면서 1999년 12월 3일, 무장 투쟁을 재개한다고 선언했다. '바스크조국과자유' 조직의 활동가가 스무 명 정도밖에 안 되고 지지자가 백 명밖에 되지 않는다지만 그들은 휴전 이후 자신들이 살해한 사람이 38명이나 된다고 주장하고 있다. 그리고 이제 각각의 공격은 반대 집회를 불러일으키고 있기까지 하다.[14] 2002년 3월 2일에 조직의 담당자가 말하기를, '바스크조국과자유' 가 저지른 것으로 알려진 공격을 옹호하기 위해 5만 명이 바스크 해안 지역의 포르투갈레트Portugalete에서 모여 시위한 적이 있다고 했다. 그리고 한 가게의 쇼핑 수레에서 폭발물이 터져 사회주의 계열의 정치인 에스테르 카베수도Esther Cabezudo와 경호원 엔리케 토레스TMEnrique Torre가 부상당했다.

국민국가 개념의 중심에는 바뀌지 않는 모호함이 한 가지 있다. 현존하고 있는 190개의 국가는 결코 모든 문화 집단을 반영하지 못하고 있다. 그런데 그 문화 집단은 국가적 정치 요구를 반영하거나 반영할 수 있는 단위다. 억압받으면서 인정도 받지 못하고 있는 문화 집단은 정치적 열망의 목소리를 높이려 들면서 요구 사항을 내세워 테러에 가담하는 집단으로 떨어져 나가기도 한다. 이러한 예로 터키, 이란, 이라크의 쿠르드인, 인도의 시크교도, 인도네시아의 아체인, 코소보의 알바니아인 등이 있다.

좌익과 우익의 테러리즘

정치적 이데올로기에 의해 움직이는 집단은 국경선을 다시 그리려고 하지는 않는다. 그들이 목표로 하는 것은 정부의 제도와 정책을 바꾸려는 것이고 새로운 사람들에게 권력을 주려는 것이다. 특정 부문에서 반체제 집단이 정부와 갈등을 일으키는 것은 정치 갈등에서 보통 있는 일이지만 어떤 경우에는 반대파가 다른 종류의 행위 대신, 혹은 다른 행위에 추가로 테러를 택하기도 한다. 냉전 시기에 서구 자본주의 국가의 몇몇 집단이 파괴와 암살, 폭파 등을 행사했다.

예를 들어 1970년대의 이탈리아는 특히 폭력이 난무하였다. 그 가운데 가장 큰 충격은 1978년 3월 16일에 일어난 일인데, 이탈리아의 '붉은여단Red Brigade' 이 다섯 번이나 수상을 역임한 바 있는 기독민주당Christian Democratic Party의 지도자 알도 모로Aldo Moro를 납치한 사건이었다. 납치범들은 기독민주당과 이탈리아 공산당Italian Communist Party이 '역사적인 협상'을 맺은 날을 납치일로 잡았다. 이탈리아공산당은 이미 오래 전에 혁명적 마르크스-레닌주의를 폐기했고 붉은여단만이 그 이념을 진실로 따르는 유일한 세력이라고 자처하면서 협상을 반대했기 때문이었다. 1970년 밀라노에서 레나토 쿠르치오Renato Curcio와 마르게리타 카골Margherita Cagol에 의해 창설된 '붉은여단'은 트렌토 대학의 마르크스주의 연구 모임에서 성장하였다. 처음에는 산업 시설을 소이탄으로 공격하는 것으로 시작하였으나 차츰 납치, 무릎에 총상 가하기 등을 거쳐 결국에는 살해까지 확대되었다. 알도 모로를 납치하고 결국 살해한 것은 이탈리아 좌익 세력의 정치 폭력의 정점을 보여 준 사건이다. 테러는 1980년대에도 계속되긴 했다. 1970년과 1982년 사이에 발생한 불법 행위 가운데 '붉은여단'이 자신들의 소행이라고 주장한 것만 해도 2천 건이 넘고 그 과정에서 161명이 살해되었다.

'붉은여단'은 많은 유사 조직 가운데 가장 오래된 조직이다. 당시 이탈리아에는 오랜 기간 존재했던 조직이 537개나 되었다. '붉은여단'이 아닌 다른 조직의 테러에 의해 살해된 사람들의 수 또한 199명이나 되었다. 1980년대 중반 이후 '붉은여단'은 크게 약해졌는데, 체포, 내부 분열, 사면에 의한 탈퇴와 이데올로기의 위기가 원인이었다. 1984년에는 수감 중인 네 명의 지도자가 무장 투쟁을 포기한다는 편지를 발표하기도 했다. 지도자들은 "더

이상은 이러한 투쟁이 필요한 국제 환경이 이제 존재하지 않는
다."라고 했다.[15]

　'붉은여단'에 관한 자료는 또 있다. 2002년 3월 이탈리아 우익
운동의 경제 자문 위원이 각본에 따라 주도면밀하게 살해되었다.
사건 직후 전투적인 공산당을 건설하자는 글이 인터넷에 떴고,
붉은여단이 이 사건을 "집행했다."고 밝혔다. 이와 비슷한 범죄
와 유사한 주장이 1999년에도 발생했다. 이탈리아 사람들은 다른
세대의 '붉은여단'의 폭력이 가까운 장래에 나타나지나 않을까
공포에 사로잡혀 있다.

　'붉은여단'은 냉전 시기 좌익이 저지른 이데올로기 싸움에 의
한 테러의 예다. 다른 예로 들 수 있는 것으로는 독일의 '적군파',
미국의 '웨더언더그라운드', 캐나다의 '직접행동'▪ 등을 들 수

■ 깊이 읽기

좌익 테러리즘

―적군파Red Army Faction. 독일어로는 'Baader-Meinhof Gang'으로 알려져 있
　기도 하다.
―웨더언더그라운드Weather Underground는 2002년에 만들어진 동명의 영화
　를 배경으로 조직된 미국의 급진 좌익 조직이다. 베트남전쟁과 같은 전
　쟁을 국내에서 일으킬 것을 주장하고 나섰다.
―직접행동Direct Action은 대의 선거와 같은 간접적 정치 행위를 중지하고
　시위, 파업, 폭력 등 직접적 행위를 전면에 내세워야 한다고 주장하는 정
　치 집단이다.

있다. 이 가운데 '웨더언더그라운드'와 '직접행동'은 재물에 대한 폭력 행위로만 한정시키려고 시도했고, 많은 회원들은 자신들이 테러리스트임을 부인하였다. 이 조직들은 좌파 마르크스주의자들인데, 계급 세력에 대한 분석과 노동자 계급에서 조직적 지지를 얻는 구좌파 사상을 따르지는 않았다. 구좌파가 유치한 '자발주의'라고 비난하면서 거부한 것이, 신좌파 혁명가들에게는 행동을 필요로 할 만큼 사회 조건이 갖추어졌는데도 용기가 없어서 실패한 것으로 간주되었다.

미국에서 더 일반적인 것으로는 백인 우월주의에 입각한 우익테러 집단인 '케이케이케이단(Ku Klux Klan, KKK)'과 '아리아인국가Aryan Nation'가 있다. 그리고 유대주의자, 공산주의자, 자본주의자들이 연방 정부와 유엔을 압제의 엔진으로 만들었다고 확신하고 공격하는 인민당 무장 민병대가 있다. 미국에서 대표적인백인 우월주의자인 루이스 빔Louis Beam은 '지도자 없이 벌이는저항'의 전략을 선동하였는데 그것은 작은 활동가 집단이나 개인으로 구성된 '유령 조직'이 소식지나 인터넷을 통해 서로 연락을하면서 작전을 수행하는 것이다. 그 안에는 위계 조직은 전혀 존재하지 않고 다만 마음이 통하는 활동가들로 구성된 단일 대오로만 정보 네트워크를 이루고 있다. 이는 정부가 감시하고 작전을방해할 수 없도록 하는 전략이다.[16]

유럽에서도 마찬가지 상황이었는데, 2001년 9·11 테러가 일어나기 전까지는 우익에 의한 테러가 전문가들의 가장 주된 관심거리였다. 유럽에서 우익에 의해 자행된 가장 처참한 공격은 팔십 명의 사망자와 수백 명의 부상자를 낳은 1980년 8월 2일 볼로냐 기차역 폭발 사건이다. 이 사건을 저지른 조직은 '테르차 포지치오네(Terza Posizione, 제3의 입장)'였다. 당시 독일에는 이보다 규모가 작은 결과를 벌인 몇 개의 네오 나치neo-Nazi 집단이 있었다. 경찰의 집요한 작업으로 우익 테러가 유럽에서는 몇 년 동안 현저하게 줄어들었지만 1990년대 초에 와서는 독일, 오스트리아, 프랑스 그리고 이전에 공산 진영에 속했던 동유럽에서 네오 나치주의자들과 스킨헤드들이 이민자와 **롬족**을 공격하였다. 인종주의, 반反이민주의, 반정부주의 이데올로기의 성향을 가진 그들은 시간이 갈수록 그 수가 늘어나고 더 적극적으로 활동을 전개하였다. 주로 유

• **롬족**─일반적으로 집시로 알려진 유목 민족을 롬족 Romas이라 한다. 옮긴이

대교 예배당, 모스크, 교회, 혼합 인종, 롬족, 게이 등을 공격 목표로 삼았다. 목표는 전 세계에 걸쳐 있으나 러시아, 인도, 헝가리, 영국 그리고 미국에서 주로 공격이 이루어졌다. 1999년 한 해에만 우익 극단주의자들은 모스크바의 한 유대교 예배당을 폭파했고, 런던의 브릭스턴에서 흑인 거주 지역을 폭파했으며 스웨덴에서는 반파시스트 인권 활동가의 차량을 폭발시키기도 했다.

어떤 경우에는 우익 테러에 연루된 집단이 정부, 군부와 밀접한 관계를 가지고 있는 것처럼 보인다. 이에 대해서는 다음 장에서 자세히 언급하겠다. 과테말라에서는 '마노 블랑카Mano Blanca'와 다른 살인 집단들이 어떠한 형태로든 정부에 반대하는 사람들에게 테러를 가했고, 아르헨티나에서는 '아르헨티나반공

연합(Argentine Anti-Communist Alliance, AAA)이 유대인과 반정부 인사들에 대해 폭력을 행사하였다.

지난 사십 년간 좌익 테러는 크게 감소하였다. 정부는 조직에 침투하여 계획을 입수하고 핵심 인사를 체포하는 데 성공을 거두었다. 소련이 몰락함으로써 반자본주의적 테러 행위에 대한 지지와 고무의 원천이 사라졌으며, 지난 세기의 반식민 투쟁에 대한 승리로 과거의 무장 전사는 정치인이나 행정가로 탈바꿈하게 하였다. 좌익 정치사상은 이제 정치 활동의 의제를 뒷받침할, 잘 연마된 분석을 제공해 주지 않는다. 몇몇 남은 운동들, 예컨대 콜롬비아의 '콜롬비아무장혁명군(Fuerzas Armada Revolucionarias de Colombia, FARC)' 같은 집단은 여전히 상당한 권력을 가지고 있지만 얼마 되지 않은 권력을 잃지 않으려고 발버둥치는 정치 폭력배로밖에 보이지 않는다. 또 다른 조직으로 그리스의 '11월17일단November 17' 같은 집단이 있는데 현실 문제와는 거의 관계를 하지 않는 내적 힘에 의해 작동되고 있는 것 같다. 몇몇 전문가들은 앞으로 반세계화 운동과 환경 운동이 테러 공격을 유발할 것이라고 하기도 하지만 그렇다고 그러한 방향으로 가는 어떤 경향이나 조짐이 나타나는 것은 아니다.

테러리즘, 얼마나 위험한가?

범죄학자들은 한 사회에서 느끼는 범죄 공포의 수준은 자신이 실제로 범죄의 희생양이 될 위험성과는 관련이 없다는 사실을 발견했다. 게다가 경찰이 범죄라고 규정짓는 기준도 정부와 여론의 향배에 따라 왔다 갔다 한다. 그래서 달라지는 테러 대처법에 따라 공포가 달라지기도 한다. 테러에 대한 공포는 다른 종류의 공포와 마찬가지여서 개인의 안전에 심각한 영향을 미친다. 그 공포는 상황에 따라 커졌다 작아졌다 하는데, 주로 테러가 터진 뒤그 사건이 얼마나 경악할 만한 것인지와 그 사건에 대해 정치적으로 어떠한 대응이 나왔는지에 따라, 실제 테러 행위가 어떻게 변화하였는지에 따라 반응이 달라진다.

테러를 쫓는 사람들

2001년의 9·11 사건이 있기 전에 미 국무부의 테러 추적자는 두 가지 경향을 확인했다. 첫 번째는 전 세계적으로 발생한 테러 사건의 수가 장기적으로 볼 때 1987년을 정점으로 감소하고 있다는 사실이고 둘째는 테러 공격의 파괴 정도가 점점 커지고 있다는 사실이다.[17]

빌 클린턴 대통령 정부의 몇몇 고위 관리는 테러의 위험성에 대한 개요를 한번 그려 볼까 시도하기도 했다. 나이로비와 다르에스살람에서 발생한 1998년 미 대사관 폭파 사건 이후 반테러 행동이 확산되기도 했다. 당시 미국의 여론에 따르면 미국인은 전쟁, 자연 재해, 생태 파괴, 전염병 등과 같은 위험을 주는 여러 가지의 보편적 공포 가운데 테러에 대한 공포가 가장 아래에 자리한다고 믿고 있었다. 유럽을 포함한 다른 지역 여론도 테러는 대부분의 지역에서 사라지고 있어 현재는 더 이상의 깊은 고민이 필요 없다고 여기고 있다는 것을 보여 준다. 물론 이스라엘, 팔레스타인, 콜롬비아, 스리랑카와 같이 정치 폭력에 심각하게 노출되어 있는 지역의 사람들에게는 이 주제가 가장 긴급한 관심사일 것임에는 의심의 여지가 없다.

뉴욕과 워싱턴에 대한 공격이 있은 뒤 미국을 비롯한 여러 정부에게 국제 테러는 최우선의 관심사가 되었다. 여러 정치 의제 가운데 테러를 맨 위에 놓는 것에 의견의 일치가 이루어졌다. 외교 정책 제안에 관한 모든 방법은 다음과 같은 질문에 항상 봉착하게 된다. 테러와의 전쟁은 어떤 의미를 지니는가?

그렇지만 과연 테러의 위협이 정말 그토록 주된 것인가? 정부 관리와 두뇌 집단의 전문가들은 테러리스트 네트워크는 전 세계적으로 조직되어 있고 그들 내부의 의사소통, 기획, 훈련 그리고 조직원 충원은 갈수록 더 정교해지고 있다고 말한다. 더구나 이전에는 이집트, 사우디아라비아, 인도네시아 등의 정부 교체처럼 특정 지역에 관한 목표를 가지고 있었던 테러 집단들이 이제는 알-카에다에 가입하여 자신들 고유의 목표를 추가하면서 미국과 그 우방의 힘에 타격을 가하고자 하는 전 지구적 목표로 뭉치고 있는 것도 사실이다.

최근 어떤 전문가들은 거대한 위험의 조짐을 말한다. 이제 테러리스트들이 천연두 균을 퍼뜨린다거나 인구 밀집 지역의 상수원이나 음식 원료에 독약을 푼다거나 대도시 전역에 순식간에 확산될 수 있는 방안을 고안할 수 있다는 것이다. 핵무기, 생물학 무기, 생화학 무기의 사용이 얼마든지 가능하고 서구 여러 나라의 정부와 시민들이 훨씬 더 심각하게 인식해야 할 정도로, 반미로 뭉친 초국가적 테러리스트들이 강력한 네트워크를 구축하고 있다는 것 또한 반복적으로 강조되고 있다.

몇 가지 중요하고도 분명한 사실이 이러한 평가를 뒷받침한다고는 하지만 테러의 위험에 대한 의문은 예언의 딜레마에 빠져 있다. 더 치명적인 무기가 나타나 위험도에서 새로운 순위를 작성할 수도 있고 테러리스트 집단의 기술적 · 조직적 · 재정적 숙련도는 분명히 실재하는 것이기도 하다. 이와 마찬가지로 테러를 사용하려는 새로운 역량과 동기가 어디에서 오는가에 관한 문제 또한 중요하다. 테러리스트들이 사용하는 새로운 기술이 반테러 전쟁 명목으로 미국 중앙정보부를 비롯한 다른 권력의 손에 의해 얼마나 많이 건네지고 훈련되었던가? 테러리스트가 사용할 더 우수하고 참신한 무기가 연구소에서 개발하고 정부가 비축해 놓은 것에서 얼마나 많이 흘러나왔는가? 서구 세력의 정책은 국가를 붕괴시키고 대중의 분노가 폭발하여 테러리스트 이데올로기로 돌아서게 하는 데 얼마나 많이 기여하였는가? 부시 대통령의 '테러와의 전쟁'이 그 이름 하나만으로도 테러리스트들을 전 지구적 차원의 전사로 위신을 높이게 하는 데 얼마나 기여하였는가? 이러한 몇 가지 질문에 대해서는 국가 테러 및 반테러에 대해 더 면밀한 검토를 해 본 후에야 더 나은 답을 내릴 수 있을 것이다.

3 국가 테러리즘

TERRORISM

현대 사회에서 국가 테러리즘이 성행하는 것은 왜
인가?
국가 테러리즘은 어떤 식으로 작동하는가?
냉전이 끝난 뒤 테러 조직들이 더 강력해진 까닭은
무엇인가?

국가 테러리즘

테러는 정부 통치 기구를 부리는 사람들에게 필요한 권력 뒤에 항상 잠복하고 있다. 전쟁을 벌이고 범죄자를 쫓고자 하는 무기는 언제라도 국가 테러의 도구로 바뀔 수 있다. 냉전의 종식과 함께 공산주의 테러리스트와 반공주의 테러리스트는 모두 쇠락의 길로 접어들었다. 그렇지만 새롭게 일어나는 전 지구적 테러리스트 네트워크의 공포는 강력한 반테러를 자극하고 있고, 국가 테러리즘은 그 자체로 상당한 위험을 안고 있다.

대부분의 국가는 역사에서 새로운 땅을 정복하고 새로 편입된 주민들을 통치한 적이 있다. 그렇게 하면서 국가는 자신이 국민이라 부르는 이들에게 폭력을 사용해 왔다.

국가 테러는 아주 오래된 역사를 가지고 있긴 하지만 근대적인 것으로는 유럽의 국가들이 아메리카, 아시아, 아프리카에 제국을 획득하는 과정에서 구체적으로 표출된 것을 들 수 있다. 스페인, 포르투갈, 네덜란드, 영국, 프랑스, 독일, 이탈리아, 일본은 모두 제국을 세울 때 경악할 만한 도덕적 확신으로 폭력을 사용했다. 미국이 서부를 개척할 때도 마찬가지였고 러시아가 동쪽으로 팽창해 나갈 때도 그랬다. 이러한 팽창 전쟁은 민간인에 대한 공격을 포함하는 것이 보통이었다. 생화학 테러를 사용한 첫 번째 예는 북아메리카 인디언에게 천연두 균에 감염된 담요를 고의로 살포한 것이다.[1]

유럽 인이 정착한 아메리카 대륙과 남부 아프리카에서, 침략자에 맞서 싸우던 원주민은 새로 조성된 농장과 정착지를 공격하였다. 새로 정착한 사람들은 스스로를 보통의 민간인으로 간주하고 있었지만 원주민들에게는 자신들의 땅과 싸움을 위협하는 무장 도적으로 보였던 것이다. 원주민의 공격에 대한 공포 때문에 침략자들은 원주민을 그 조상의 땅에서 쓸어버리거나 완전히 말살하거나 공식적으로 지정해 둔 보호 구역 안에 감금하려고 군사적 · 정치적 공세를 강화하였다.

식민 권력은 그 지배를 유지하고, 노동자와 군사를 충원하고, 농장이나 광산 그리고 다른 용도의 땅을 추가로 확보하기 위하여 폭력 사용을 멈추지 않았다. 새로운 땅을 이용해 상업적으로 이득을 확보해 가는 과정에서 식민 정부는 정치적 통제력을 사기업에게 양도하기도 했다. 그러는 과정에서 그 회사들이 천연자원을 더 많이 확보하기 위해 최악의 테러를 자행하였던 것이다. 벨기에 왕 레오폴트의 식민 지배 아래 있던 콩고에서 강제로 행한 야생 고무 수확은 그 잔혹성이 노예무역의 약탈과 견줄 수 있는 것이었다. 야생 고무에서 얻은 이익은 아마존 유역의 삼림에서 노동력을 모으고 훈련시키기 위해 체계적으로 사용하는 테러를 위한 장려금으로 사용되었다.

식민 정부가 일단 자리를 잡고 식민 군대가 대부분의 반란군을 제압하고 나면 테러를 사용하는 빈도는 크게 떨어진다. 그렇지만 완전히 사라진 것은 아니다. 세네갈의 영화감독 오우스만네 셈베네Ousmane Sembene의 영화 〈에미타이Emitai〉(1971년)는 프랑스 군이 제2차 세계대전 때 유럽에서 전쟁 중인 프랑스에 필요한 곡물을 징발하고 군인을 충원하기 위해 서부 아프리카에서 저지른 군사 원정의 역사적 사건을 다루고 있다. 영화에는 여자들이 곡식을 숨기고 젊은 남자들이 은신처에 숨는 장면을 보여 준다. 그러다가 마을의 식민 경찰이 자유를 지키고 식량을 보존하기 위해 싸우는 민간인을 학살하는 장면으로 옮아간다. 몇몇 식민 관리들의 양심으로는 이 비극을 막을 수가 없었다. 그들은 괴로워하였으나 학살에 연루되었을 뿐이다. 식민 정부에 저항하거나 단순히 불편을 끼친 민간인에 대해 폭력을 가하거나 위협을 가하는 것은 식민 통치 아래에서 끊이지 않는 주제가 되어 왔다. 경제와 교육

■ 깊이 읽기

레오폴트Leopold는 19세기 말과 20세기 초에 고무를 얻기 위해 콩고를 약탈한 벨기에의 국왕이었다. 레오폴트 치하에서는 한 마을이 고무 할당량을 채우지 못하면, 벨기에의 군인이나 고무 공장의 '감시자'들이 종종 마을 사람 전체를 죽이거나 그들의 손목을 잘라 스스로는 물론, 가족을 돌보는 일도 하지 못하게 했다. 잘린 손목과 주검들이 레오폴트의 방대한 제국을 덮었다고 전해진다.

분야에서 구축된 새로운 기회, 더 정교하게 조직된 정부 관료제, 경찰권의 확대는 식민주의가 가져온 긍정적인 모습이라지만 논쟁의 여지는 있다. 식민 통치가 근본적으로 전제적이고, 차별적이며 폭력으로 점철되었다는 점은 부인할 수 없다.

식민 독재는 단순히 군사 팽창주의자들의 의견만을 반영한 것은 아니고, 민주주의 사상가들에 의해 열렬한 환영을 받기도 했다. 정치적 자유에 대한 옹호자인 영국의 존 스튜어트 밀John Stuart Mill은 식민 독재를 일종의 '선한 독재'라고 지지하였는데 이를 통해 뒤떨어진 민족을 교육과 계몽의 수준으로 끌어올릴 수 있을 거라고 했다. 밀은 교육과 계몽을 민주 시민이 반드시 갖추어야 할 전제 조건으로 생각했다. 밀의 프랑스 친구이자 정치학자였던 알렉시스 드 토크빌Alexis de Tocqueville은 유명한 『미국의 민주주의Democracy in America』의 제2권을 출판한 뒤 프랑스가 알제리를 정복하고 '조용히 잠재우는' 과정에서 채택한 테러의 전략을 열렬히 지지하는 것으로 태도를 바꿨다. 토크빌은 1840년대에 국회 부의장 자격으로 알제리에서 잔혹 통치를 하던 토마 뷔고Thomas Bugeaud 장군을 지지하였는데, 이로 인해 많은 비판을 받았다. 1841년 10월 알제리를 방문하고 돌아오던 길에 토크빌은 다음과 같은 글을 썼다.

"나는 존경하지만 인정은 할 수 없는 사람들에 대해 프랑스에서 들은 바 있다. 그들은 추수한 곡식을 불사르고, 곡물 창고를 다 없애 버리고, 어린이와 여자, 무장도 하지 않은 사람들을 잡아가는 개탄스러운 일들을 저지른 사람들이다. 식민 독재는 불

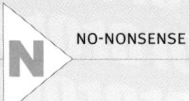
식민 테러

옥스퍼드에서 나온 『영국 제국의 역사*History of British Empire*』의 한 서평에서 리차드 고트Richard Gott는 이 다섯 권짜리 책이 국가 테러에 대해 제대로 다루지 않고 있다고 평가했다.

"영국은 약탈을 일삼는 치투Chitu의 핀다리Pindari 족을 학살하기 위해 1817년에 중부 인도에 수색·파괴 특전사를 파견하였는데 (…) 벵골 주지사의 보좌관이던 조지 피츠클라렌스George Fitzclarence 대령이 (…) 진짜 목적을 분명하게 강조하였다. (…) 조지 피츠클라렌스는 핀다리 족은 '공공연한 도적떼'이니 '그들을 무찌르고 전쟁에서 이기는 것이 전쟁의 목적이 아니고 그들을 몰살하는 것이 진짜 목표'라고 했다고 기술하고 있다."

"19세기 초에는 산 족(San, 부시맨)을 몰살하는 지루한 전투가 있었다. 백인 농부는 수만 에이커의 땅을 확보하게 되었으나 1825년이 되면서 부시맨은 단 한 평의 땅도 소유할 수 없게 되었다. 1821년 개척 도시의 어느 통신원은 산 족을 몰살하기 위해 그곳에 파견된 '특공' 탐험의 특무 수행에 연루되어 있던 사람들을 만나 취재를 했는데, '그들이 부시맨을 총으로 쏠 때 마치 야생동물을 잡는 느낌이었다고 했다.'고 썼다."

"1834년 북부 아이슬란드에 난파된 배의 선장이자 기결수 판결을 받은 존 가드John Guard는 '제가 어떤 방법으로 마오리Maori 족을 개화시킬까요?' 하는 질문을 던졌다. 그러자 '쏴 죽여라, 확실하게! 뉴질랜드 사람들에게 머스켓총은 원주민을 개화시킬 수 있는 유일한 방법이니라.'라는 대답을 들었다고 했다."

"오스트레일리아의 부유한 농장주 윌리엄 콕스William Cox 대령은 1825년 보퍼트 집회에서 연설하기를, '우리가 가장 잘할 수 있는 것은 모든 검둥이를 다 쏴 죽이는 것이고 그 시체를 거름으로 삼는 것이니, 그들의 몸뚱어리는 그런 용도에 제격일 뿐이다. (…) 특히 여자와 어린아이들은 가장 확실한 방법으로 쏴 죽여야 한다. 그래야 그들을 멸족시킬 수 있다.'고 했다."

▶출처— '쏴 죽여라, 확실하게Shoot them to be sure', 「*London Review of Books*」, 2002년 4월 25일.

엘리자베스 펜Elizabeth Fenn은 미국 식민지에서 국가 테러를 발견한다.

"1763년에 (…) 제프리 애머스트Jeffery Amherst는 아메리카 토착 인디언과의 전면전은 정당한 것이라고 믿고 있다고 썼다. 애머스트는, '사실, 그들을 완전히 몰살시키는 것은 자신들이 저지른 처참하고 비인간적인 행위에 대한 두려운 보상'이라고 했다."

▶출처— '18세기 북아메리카의 생물학전—제프리 애머스트를 넘어*Biological Warfare in Eighteenth-Century North America—Beyond Jeffery Amherst*', 「미국사지*Journal of American History*」, 2000년 3월.

행하지만 필요한 것이 사실이다. 누구든 아랍인과의 전쟁은 받아들여야 한다. (…) 추수한 곡식을 다 파괴시키는 일을 통해서든지, 때만 되면 남자들을 모두 잡아가 버리는 것을 목표로 삼는 노략질을 통해서든지 간에, 나라를 황폐화시키는 전쟁 법칙을 실행해야 한다."[2]

토크빌과 마찬가지로 유럽의 여러 자유주의자, 민주주의자들은 국가의 명예와 규율과 충성이 가져다주는 군사적 미덕을 지키고, 유럽 인들이 인종적으로나 문화적으로 더 우월하다는 믿음을 정치적으로 표현하는 것을 지지하였다. 그 가운데 토크빌 같은 소수의 사람들만이 자신들의 신념을 구체화하는 식민 기획에서 국가 테러를 솔직하게 지지했다. 그것은 식민 지배를 옹호하는 주장이 인간 평등의 원리에 너무 노골적으로 반대되는 것이었기 때문일 것이다. 그 후로 국가 폭력을 기획하는 사람들은 자신들의 행동을 정당화하는 것을 다른 방법에서 찾았다.

국가 테러 완벽하게 만들기

정부가 국민에게 저지른 국가 테러 가운데 가장 악명 높은 것은 나치 독일과 스탈린 치하의 소련이 저지른 테러다. 특수 경찰은 믿기 어렵고 필요하지도 않다고 생각된 집단들을 유례없이 무례하고 효율적인 방법으로 추적했다. 이 권력은 중앙 집중 이데올로기를 정치적 준거로 삼고 목표를 관철시키기 위해서는 수단과 방법을 가리지 않았다. 물론 테러도 그 안에 포함되었다. 그들은 국민 가운데 특정 범주의 사람들을 물리적 제거 목표로 삼았다. 테러를 국민의 마음과 행동을 통제하는 방법 가운데 가장 핵심적인 것으로 삼았다. 그러면서 오랜 기간 국민들을 공포에 떨거나 옴짝달싹 못 하게 하는 데, 정권의 반대편에 서 있는 개인과 집단을 제거하는 데 성공했다.

나치의 테러가 지역에서 어떻게 작동하였는가를 잘 보여 주는 연구가 하나 있다. 1933년 히틀러가 독일 수상으로 임명된 후 6개월 동안 몇 단계를 거쳐 탈부르크Thalburg라는 작은 도시에서 권력을 획득하였다. 나치 권력 아래 경찰은 지역에서 조직된 나치 돌격대의 도움을 받아 체포, 가택 수색, 협박을 통해 공포와 불안을 사람들에게 확산시켰다. 그 뒤 나치 지역 정당이 지역 정부 통제권을 장악하자 야당 인사를 정부에서 모두 축출할 수 있었다. 나치에 충성하는 자가 시에 있는 모든 스포츠클럽과 민간단체를 장악했다. 이 모든 일이 단번에 이루어지지는 않았고, 한 번에 하나씩 해결했다.

요즘 많이 알려진 한 이론은 민간단체가 민주주의의 신념과 실천을 지지하는 데 결정적인 역할을 한다고 주장한다.[3] 이 이론에 따르면 탈부르크의 그 많은 민간단체는 정권을 장악한 나치에 저항하는 중심이 되었어야 했다. 그러지 못했다는 사실은 정교하게 짜인 국가 테러가 얼마나 효율적인지를 보여 주는 것이다. 조직화된 구성원이 힘을 모으고 저항을 결의할 수 있는 기회가 없었다. 그들은 격리되었고 조직은 흩어졌으며 고독과 공포에 쌓이게 되었다. 잠재적 인물들은 모두 중립으로 돌아섰고 정치범 수용소로 보내졌거나 망명길에 올랐다.

　나치는 모든 신문을 장악했고 모든 뉴스를 자신들 입맛에 맞춰 재단하였다. 학교는 모두 국가 사회주의 이념을 가르치는 곳으로 바뀌었는데 반유대주의 또한 가르쳤다. 히틀러와 지역의 나치, 나치주의를 열렬히 지지하는 방송, 의례, 의식이 끊이지 않고 진행되었다. 몇 개월 뒤 테러의 체계화가 일상에 자리 잡으면서 공개적이고 잔혹한 폭력이 더 이상 필요치 않게 되었다. 하지만 더 큰 무대에서의 공개적이고 추악한 폭력은 멈추지 않았다. 테러, 전쟁, 그리고 몰살을 통해 제3제국이 시작되었다.

　스탈린 치하의 소련은 히틀러의 독일보다 먼저 테러 사용을 체계화하였다. 스탈린은 1930년대 농업 집단화를 시행하면서 체포, 고문, 강제 노역 등을 자행했는데 그 과정에서 도처의 강한 저항에 직면하였다. 1930년대 후반의 강제 노역 캠프 네트워크는 농업 집단화를 더욱 강압하면서 많은 사람들을 강제 투옥시켰다. 공산당과 군부는 권력이나 영향력을 가지고 있는 자 가운데 스탈린의 통치 방식과 중앙 집중화, 급속한 산업화 정책에 방해가 될 이들에게 테러를 행사했다. 과거의 영웅들이 극적으로 고백을 하면서 진행된 유명한 공개재판은 테러가 극도로 공개화된 형태다. 그러면서 예술인, 정치인, 산업인을 겨냥해 직업을 빼앗고 감옥에 보내거나 간단히 살해하는 일을 일사천리로 저질렀다.

　평가가 조금씩 다르긴 하지만 1930년대부터 1940년대까지의 기간 동안 강제 노역 캠프에 보낸 사람의 수는 적어도 천만 명에 달하는 것은 사실인 것 같다. 투옥된 사람들은 극도로 잔학한 환경에서 노역을 강요받았다. 1953년 스탈린이 죽은 뒤, 노역 캠프의 수는 줄어들었고 1956년에 거의 대부분 폐기되었다. 캠프가 설치된 기간 동안 죽은 자는 수백만 명에 달하였고 그 가운데 많은 사람들이 처형되었다. 테러를 비판할 수 있는 모든 사람들은 테러 공포로 옴짝달싹 못하게 되었고 아무런 도움도 받지 못한 채 격리될 수밖에 없었다. 독일 히틀러의 탈부르크처럼 소련에서의 테러 또한 시간이 가면서 점차 약화되었는데 결국 독재국가의 제도화된 특징으로 남게 되었다.

국가 안보 정권

1970년대 라틴아메리카의 몇몇 국가는 '국가 안보 정권'이라고 불리게 된 정부 모델을 채택하였다. 군부 지도자들은 국가의 모든 권력을 '반反공산주의'와 사회 개혁에 초점을 맞추었다. 군부는 이를 통해 국가의 지정학적 통합을 위협하는 세력을 해체할 수 있다고 믿었다. 군부는 경찰과 군부 세력을 중요한 도구로 사용했다. 이 두 세력은 준자치 조직인 우익 암살단과 공모하여 전 국민과 특히 정치적으로 용의 선상에 떠오르는 집단에게 테러를 사용했다. 칠레에서는 1973년 살바도르 아엔데Salvadore Allende 정권을 전복한 군사 쿠데타 세력이 아우구스토 피노체트Augusto Pinochet 장군을 권좌에 앉혔다. 그 후 피노체트 정권은 광범위한 정권 반대 세력을 검거하여 약 3천 명을 살해하였다. 아르헨티나에서는 실종자 유가족 어머니회가 실종된 자식들을 찾는 운동을 펼친 결과 1976년에서부터 1983년까지 약 이십 년 동안 군부 정권에 의해서 1만 3천 명에서 1만 5천 명에 이르는 사람들이 '실종'되었음이 밝혀졌다.

라틴아메리카에서 국가 보안 통치의 등장은 미국의 지지에 힘입은 바 크다. 1964년의 브라질에서 1980년대 중앙아메리카까지, 미국은 이 지역에 단순한 외교 지원 이상의 지원을 했다. 미국은 군대와 경찰을 훈련시켜 보안의 기본 틀을 갖추어 주었다. 6만 명에 이르는 라틴아메리카 군인들이 미국 군사학교 중 가장 뛰어난 훈련 시설에서 과정을 이수하였다. (1946년부터 1984년에는 파나마에, 그 이후에는 조지아 주 포트베닝에 있었다.) 군사 훈련은 정치 통제와 통합 방법론 같은 것을 포함하고 있었는데 그 안에서 암살과 고문 등도 가르쳤다.[4]

미 의회 조사단이 엘살바도르에서 일어난 신부와 가정부, 가정부의 딸을 포함한 여섯 명의 살해 사건을 조사한 결과 그들을 살해한 19명에서 26명으로 추정되는 군인들이 그 군사학교에서 훈련을 받았다는 사실이 밝혀지면서 만방에 악명을 떨쳤다. 도처에서 일어난 반대 저항에 미국 정부는 아래와 같은 핵심 문서를 해제하였다. 한 매체는 이 문서에 대해 이렇게 썼다.

"핵심 문서에 의해 (군사학교의) 총 동문 가운데 선배급의 명단이 드러났는데, 그 면면을 보면 라틴아메리카에서 지난 백 년간에 걸쳐 인권 유린을 저지른 이들과 가장 잔인한 군부독재자들의 인명사전을 보는 것 같았다. 대표 인사로는 파나마의 마누엘 노리에가Manuel Noriega와 오마르 토리호스Omar Torrijos, 니카라과의 아나스타시오 소모사Anastasio Somoza, 아르헨티나의 레오폴트 갈티에리Leopold Galtieri, 과테말라의 엑토르 그라마호Hector Gramajo와 마누엘 안토니오 칼레하스Manuel Antonio Callejas, 볼리비아의 우고 반제르 수하레tmHugo Banzer Suarez, 엘살바도르의 죽음의여단 지도자 호베르토 다우부이송Roberto D' Aubuisson 등이다. 해제된 문서를 더 자세히 살펴보면 각 나라에서 일어난 내전 기간 동안 저지른 끔찍하고 잔혹한 범죄에 연루된 자들 가운데 5백 명 이상이 그 군사학교에서 훈련을 받은 것으로 밝혀졌다." [5]

미 의회의 비난과 노력에 힘입어 그 군사학교는 문을 닫고 2001년도에 '안보 협력을 위한 서반구 연구소(Western Hemisphere Institute for Security Cooperation, WHISC)' 로 이름을 바꾸었다.

국가 테러의 방식

국민 통치의 일상적 도구로 테러를 사용한 공산주의자, 나치, 국가 안보 정권들은 자신들이 폭력과 공포를 사용하는 것에 대해 정교한 이데올로기를 만들었다. 테러는 무의식의 반영이 아니다. 그 이데올로기는 주장하기를 '민중과 당, 국가에 대한 사악하고 음흉하며 폭력적인 적은 정부가 수호하려고 헌신한 것을 침해하거나 파괴하기 위해 비밀리에 활동하고 있다. 그 적이 유대인이

든 자본주의자이든 공산주의자든 고리대금업자든 반체제 인사든
도시 게릴라든 간에 모두 모욕적으로, 강제적으로 쓸어 없애 버
려야 한다.'는 것이다.

각 이데올로기는 독특하게 테러와 섞여 있다. 느닷없이 공격적
으로 실시하는 검문검색, 자의적인 체포, 고문, 특수 캠프에 투옥
하거나 가족 협박, 직장 강탈 등은 국가 테러로 사용하는 수단의
무기고에 들어 있는 공통적인 요소들이다. 또 다른 방법은 특정
이데올로기에 독특하게 사용된다. 예를 들어 유대인과 집시, 동
성애자를 독가스실을 갖춘 죽음의 수용소에서 미리 짜 놓은 계획
에 따라 학살시키는 것은 나치가 고안해 낸 것이다. 공개재판, 토
지 강탈과 강제적으로 굶기는 행위는 스탈린이 채택한 것이고,
암살단, 고문실, 희생자를 비행기에서 바다로 떨어뜨리는 것 등
은 라틴아메리카의 국가 안보 정권이 사용한 특징이다.

최근 들어 몇몇 정부는 특정 민족 집단에 테러를 자행했다. 미
얀마의 군사 정부는 1962년 이후 소수 종족 특히 샨Shan 족, 카렌
Karen 족, 카레니Karenni 족, 로힝기야Rohingya 족에 대해 폭력을
행사하고 있다. 유엔 특별 조사원 라즈수메르 랄라흐Rajsumer
Lallah의 보고에 의하면 즉결 처단뿐만 아니라 강탈, 강간, 고문,
강제 노역, 강제 하역 등이 사용된다고 했다. 라즈수메르 랄라흐
는 특히 여성이 이러한 폭력의 피해자가 되고 있다고 보고하고
있다. 지금까지 계속되는 이러한 국가 테러는 아웅산 수키Aung
San Su Kyi가 이끄는 민족민주동맹National League for Democracy을
탄압하면서 수십 년 동안 이어져 오고 있다. 민족민주동맹은

1990년 선거에서 승리한 이후 한 번도 사무실을 두지 못할 정도로 탄압받고 있다.[6] 수하르토Suharto 대통령 치하의 인도네시아에서는 동티모르를 탄압한 25년 동안 전 인구의 4분의 1인 이십만 명을 죽였다. 1999년 8월 동티모르 인들이 국민 투표에서 독립을 찬성한 후 다시 테러가 시작되었는데, 잘 짜인 계획에 따라 수천 명의 사람들이 또 살해되었다.

국민의 한 부분을 완전히 쓸어 없애 버리는 것을 목표로 한 국가 테러 가운데 가장 악명 높은 최근의 사건은 캄보디아와 르완다에서 일어난 것이다. 폴 포트Pol Pot가 이끄는 혁명군인 캄보디아 공산당, 즉 크메르 루즈Khmer Rouge는 미국이 1969년부터 1973년 사이에 비밀리에 불법적으로 자행한 집중 폭격 때문에 정권이 약화되고 나라가 처참하게 파괴·해체된 상태에서 권력을 잡았다. 폴 포트 정권은 1975년부터 1978년 사이 순수 크메르 농촌 사회 건설에 큰 노력을 쏟아 부었다. 폴 포트 정권은 도시 인구를 농촌으로 강제 이주시켰고 적어도 이십만 명을 처형했는데 그 가운데 많은 사람들이 제국주의에 물들거나 베트남의 피나 문화에 감염되었기 때문이라고 했다. 지식인, 전문가, 공무원, 문화계 지도자급 인사들이 체계적으로 숙청되었다. 건설 및 농업 계획에 대대적인 강제 노역 동원, 기아, 질병 등으로 인해 백오십만 명의 캄보디아인이 추가로 죽었다. 전체 인구 다섯 명 가운데 한 명이 죽어 나간 셈이다. 정부의 무자비한 권력은 1979년 베트남이 침공할 때까지 계속되었다.[7]

르완다에서는 1994년 인종 학살의 성격을 띤 국가 테러가 발생했다. 르완다의 테러는 '근대 엘리트들이 권력을 유지하기 위해 증오와 공포라는 수단을 의도적으로 사용'한 예다. 크메르 루즈가 마르크스-레닌주의와 마오쩌둥주의의 영향과 크메르 인종주의가 혼합된 학살을 자행한 반면 르완다는 임시정부의 통제권을 확보한 측에서 최대한 많은 수의 투치Tutsi 족을 살해하기만 하면 되는 것이었다. 그들은 순수한 고대 후투Hutu 사회 건설이라는 신화적 개념에 따라 나라를 개조하려고 했다. 후투 족 지배 정부는 '르완다애국전선Rwanda Patriotic Front'이 이끄는 게릴라 세력의 완강한 저항에 직면했다. 르완다애국전선을 이끄는 이들은 투치 족이었는데 그들은 1993년에 우간다로 피난 간 사람들이다. 그 당시 대통령이던 주베날 하비아리마나Juvenal Habyarimana와 그 주변 지식인, 군부 실력자들은 투치 족을 체계적으로 몰살해 버릴 것을 계획하였다.

몰살에는 '인테라함웨interahamwe'라는 젊은 민병대 조직을 이용했는데, 이 민병대는 투치 족을 공격하는 일을 이미 벌이고 있었다. 또 다른 계획으로 '시민 방위군'을 조직했다. '시민 방위군'은 정부의 별도 조직으로, 살해 명령이 떨어지면 지체 없이 행동 개시를 하도록 되어 있었다.

계획을 착수할 기회가 1994년 4월 6일에 찾아왔다. 그날은 대통령 하비아리마나가 평화 협상을 마치고 귀국하는 날이었는데 대통령이 탄 비행기가 정체불명의 사람들에 의해 격추되었다. 대통령 주변 사람들은 행동 개시를 결심했다. 가장 먼저 정부와 야당 지도자들을 살해했는데 그들은 주로 후투 족이었다. 그들은 권력 공백을 만들기 위한 계획에 동의하지 않는 사람들이었다. 이 작전을 이끈 사람은 보고소라Baghosora 대령과 경호원이었는데, 보고소라는 임시정부의 수장이 되어 신속한 학살을 지시했다. 군과 민병대의 총과 폭탄이 무자비하게 사용되었지만, 곧 칼을 비롯한 재래식 무기를 사용하는 일련의 집단을 군에 입대시키면 학살이 더 신속하고 효과적으로 진행될 수 있다는 사실을 깨달았다. 일일이 가택수색을 하는 것은 별 효과를 보지 못했다. 그래서 사람들을 속여 교회나 학교로 모이게 해 통째로 불 지르거나 집단 사살했다.

학살자들은 라디오를 이용해 그 과정을 지휘했는데 더 많은 사람들이 참여하게 하기 위하여 죽은 사람들이 가지고 있던 토지와 가옥을 나눠 주겠노라고 약속하기도 하고 협조하지 않는 사람들은 처벌한다고 협박도 하였다. 죽이기 전에 여성들을 강간하거나 사지를 절단하라는 명령을 현장 살해자들에게 전달했다는 사실이 기록된 보고서도 있다.

학살 기획자들은 학살에 정부 조직을 반복적으로 개입시킬 수 있었다. 이러한 과업에 저항하는 자는 무조건 제거되었다. 군부와 전문 관료의 눈부신 협조가 있었던 반면 학살을 멈추게 하는 국제사회의 효과적인 행동은 전혀 없었다. 3주 동안에 오십만 명이 살해되었으니 그 수는 전체 투치 족 인구의 3분의 1에 달하는 정도였다. 학살로 인해 임시정부는 내부 단결과 대중 지지를 얻는 데 실패하였다. 국제사회 또한 그 정부를 승인하지 않았고 그 때문에 임시정부는 타격을 받았다. 그렇지만 정권을 쫓아내고 학

살을 종식시킬 수 있었던 것은 르완다애국전선의 군사적 승리 덕분이었다.[8]

국가 테러의 몇 가지

테러를 그렇게 진지하게 생각하지 않은 채 사용하는 정부 또한 상당수 있다. 현존하는 정부의 테러 조직도를 보면 국가의 테러 지시를 받아 실행에 옮기는 대행자를 숨기고 있는 것을 알 수 있다. 그리고 국가의 역사를 보면 국가 테러가 정치에서 가장 두드러진 특징이 되었던 몇 가지 사건 또한 드러난다. 프랑스에서는 국가에 의한 공포정치 아래에서 혁명 지도자들이 많은 인사들을 줄지어 단두대로 보냈다. 공포정치가 있기 아주 오래 전인 11세기에는, 로마 가톨릭 교구가 로마 교회와 성직자의 부패에 저항하던 프랑스 남서부의 카타리 사람들을 진압하기 위해 군사 원정 길에 올랐다. 이때 북부 프랑스 귀족 세력은 저항하는 이단을 분쇄하기 위해 십자군 전쟁을 치르는 교회를 지지하였다. 파리 조약에 의해 카타리 사람들의 후원 세력인 남부 귀족의 복종을 확인하였다(217쪽, '종교재판' 참조). 카타리파를 지지하는 많은 추종자들에 대한 학살을 자행하였으나 그 뿌리를 뽑는 데는 실패했다. 이는 13세기와 14세기에 크게 활약한 종교재판의 체계적 테러로 이어졌다. 종교재판은 '이단' 을 몰살시키기 위해 고발, 견딜 수 없는 심문, 고문, 가택수색 등을 자행하였다.

미국에서는 남북전쟁 후 패배자이던 농장주들이 지배력을 다시 세우고 이전의 노예들이 구축한 힘을 약화시키기 위해 테러를 사용하였다. 노예제 아래에서 노예 소유주들은 사유 재산 소유권과 노예제를 유지하기 위해 사적 공간에서 반드시 폭력을 사용할 수밖에 없었다. 남북전쟁 이후 노예 소유주들은 남부 여러 주의 재통합체가 추구한 사회 변화에 저항하기 위해 케이케이케이단을 결성하였다. 노스캐롤라이나, 테네시, 조지아에서 케이케이케이단은 백인 엘리트의 정치적 지배권을 회복하는 데 큰 역할을 하였다. 백인 엘리트는 노예 출신 아프리카계 미국인에게 새로 부여된 참정권이 공공 정치 영역에서 쓰이지 않도록 시도했는데 이를 관철시키기 위해 법률 제한 운동과 테러를 동시에 사용하였다. 케이케이케이단은 주 정부를 좌지우지하는 지역의 이익을 관철하기 위해 테러리스트들이 사용한 도구였다. 비밀 회합, 의례, 십자가 불태우기 등의 행동은 상대방에게 공포를 주기 위해 고안된 것이지만 살해, 폭력, 직접 협박 등의 수단도 동원되었다. 협박을 통해 공공장소에서 백인과 분리, 인두세 부과, 투표를 위한 문자 해득 여부 시험 등을 주요 내용으로 하는 흑백 분리 법률인 '짐 크로우Jim Crow' 법률을 지지하였다. 짐 크로우 법률의 근본 목적은 아프리카계 미국인의 권력을 박탈하고 참정권을 빼앗는 것에 있었다.

국민에게 테러를 수행하는 케이케이케이단 같은 대행 조직을 가지고 있는 국가도 있다. 예를 들면 남아프리카공화국의 아파르트헤이트 정부는 국가 테러 조직 가운데 부텔레지Buthelezi가 이끄는 인카타 당과 연계된 '타격대'에 명령하여 '아프리카민족회의African National Congress'의 당원을 공격하도록 하였다.[9] 정부에서는 그러한 행동을 지지하지 않는 이들이 더 많고 그러한 행동에 대해 아예 모르고 있는 경우가 많았다. 미국에서는 연방 정부가 케이케이케이단이 제한 법률을 만들고 테러를 사용하는 것에 확실히 반대하도록 했다. 테러의 목적 달성 효과가 크게 떨어진 것 또한 사실이다.

지금까지 언급한 이야기에 나타난 국가 폭력과 테러 의존은 대중 정치의 심각한 냉소 위에 자리 잡고 있다. 이를 가장 간명하게 드러내는 것은 히틀러다. "잔인함은 강한 인상을 준다. 노골적인 폭력 또한 그렇다. 거리의 장삼이사에게 강한 인상을 각인시키는 것은 짐승 같은 힘과 야만성밖에 없다. 테러는 정치 수단 가운데 가장 효과적이다." 테러는 토론, 협상, 대결 등으로 표현되는 정상적인 정치를 독살하는 정치 수단일 뿐이다.

초국가적 국가 테러

국가 테러의 또 다른 양상은 정부가 지원하는 폭력 행위가 국경을 넘어 다른 나라의 민간인을 죽이고 위해를 가하거나 협박을 하는 모습으로 나타난다. '테러 국가'라고 할 때는 신문이나 정부의 표현에 나타나는 것처럼 이러한 종류의 테러를 지칭하는 것이 보통이다. 보통 한 국가가 다른 국가나 어떤 운동에 대해 문제를 일으킬 때는 정부의 공식 기구를 통해 행동을 취하기는 하지만 보통 '조각cutout'이라고 하는 대리 조직을 통해서 한다. 그러면서 정부가 수행하는 역할을 숨기려 한다.

초국가적 테러의 목적은 적대국이나 테러리스트들이 적으로 삼고 있는 집단을 지지하는 조직·정부를 약화시키는 데 있다. 테러는 실재로 그 두 가지 방향 모두에서 가능하다. 남아프리카공화국의 아파르트헤이트는 아프리카 남부에서 탈식민화의 대중 운동에 저항하는 쪽으로 진행되었다. 앙골라와 모잠비크가 독립하려 하자 남아프리카공화국의 아파르트헤이트는 새 정부를 약화시키고 조직을 흔들기 위해 노골적인 전쟁을 일으키기도 했고 심각한 테러를 자행하기도 했다. 그들의 '전면적 방위 전략'은 남아메리카의 국가 안보 정권들이 사용한 유형과 비슷하다. 1976년 남아프리카공화국은 프렐리모(Frelimo, 모잠비크 해방전선)가 세운 정부를 반대하는 테러리스트 조직인 레나모(Renamo, 모잠비크 국민저항군)를 지원하였다. 레나모는 로데지아의 보안군에 의해 육성되었는데 프렐리모에서 갈라져 나온 반군 전사를 충원하여 새로운 프렐리모 정부를 약화시키는 일을 담당하였다. 레나모는 민간인에 대한 테러 공격이나 학교, 보건소 등은 물론이고 송유관이나 전기 시설, 도로 같은 경제 시설을 공격하는 것으로 악명이 높았다.

테러를 비롯한 상호 폭력의 유형은 때때로 인접한 적대 국가에서 반복된다. 각 정부는 상대국의 테러나 게릴라 작전을 지원한다. 인도와 파키스탄이 그 좋은 예인데 두 나라는 모두 상대방이 카슈미르 분쟁 지역에서 테러를 자행했다고 계속해서 비난하여 왔다.

서아시아에서는 사우디아라비아, 시리아, 이라크, 이란이 이스라엘 테러에 개입되어 있는 팔레스타인 집단을 지지하고 있다. 이스라엘 정부는 하마스, 이슬람 지하드, 탄짐 그리고 알-아크사 순교여단 등이 스스로 저질렀다고 하는 민간인에 대한 수많은 자살 테러에 대해 준국가인 팔레스타인이 책임져야 한다고 주장하고 있다.

이스라엘 쪽에서도 마찬가지다. 자기 국민을 보호하기 위해 군인을 파병하여 팔레스타인 국민을 살해하는 것은 명백한 테러 행위다. 그리고 팔레스타인 정착지와 서안의 난민 캠프를 점령하여 무장 지대로 만들어 놓은 것 또한 테러 행위이므로 책임을 져야 한다. 이스라엘은 이런 군사 작전을 펼치는 동안 많은 민간인을 살해하였다.

■ 깊이 읽기

팔레스타인 테러 집단

▶이슬람 지하드Islamic Jihad는 히즈볼라의 별칭이다. 이란 정보기관의 배후 조종을 받는 4천여 명의 대원을 거느린 서아시아 최대의 교전 단체이자 레바논의 정당이다.

▶탄짐Tanzim은 '오슬로 평화협정'에 반대하면서 활동하기 시작한 팔레스타인의 무장 단체를 말한다.

▶알-아크사 순교여단al-Aqsa Martyr' s Brigade은 세속적 성격을 띠고 있는 팔레스타인의 무장 조직을 일컫는다.

냉전과 봉쇄

냉전 시기에 미국과 소련 양측 라이벌에 의해 테러에 대한 상호 지원이 널리 확산되었다. 양대 세력은 상대방이 이익을 보지 않는다는 사실만 확인된다면 전 세계에서 발생한 거의 모든 분쟁에 개입하는 것을 주저하지 않았다. 누구든 위에서 언급한 어떤 분쟁이든, 어떤 지역에서든 미국이나 소련이 개입한 사실을 어렵지 않게 찾을 수 있다. 두 초강대국은 대규모 테러를 자행하는 조직을 직·간접적으로 막중한 지원을 했다. 거기에는 테러 기술을 가르치는 훈련도 포함된다. 테러에서 두 초강대국이 개입한 크기를 보면 테러가 전적으로 '약자 쪽의 무기'라고 하는 일반적 시각이 오류임을 알 수 있다. 때때로 테러는 강자가 약자에게 추악한 작업을 할 때 사용되기도 한다.

공산주의를 억제하는 첫 번째 과제를 실행하면서 미국은 식민지에서 벗어난 곳을 비롯한 여러 곳에서 공산주의 확산의 위험이 도사리고 있음을 보았다. 이에 케네디 정부가 쿠바의 카스트로 정부를 붕괴시키려 하는 긴 작업에 들어갔다. 1961년 피그 만(쿠바 남서부 카리브 해의 만. 옮긴이) 침공에 실패한 뒤 미국에서 훈련을 받은 반카스트로 계열의 쿠바 인들이 쿠바에 저항하면서 반복적으로 폭력을 행사하였다. 1990년대 중반에는 성장 일로에 있던 쿠바 관광 산업에 타격을 주기 위해 폭탄을 터트리기도 했다.[10] 이 조직은 마이애미에 사는 쿠바 출신 사업가들이 쿠바와 사업을 하는 것에 공격을 가한 것으로 유죄 판결을 받기도 했다.[11]

1980년대 레이건 행정부는 소련이 미국과 서구에 타격을 입히기 위해 전 세계, 특히 남아프리카, 중앙아메리카, 서아시아, 중앙아시아에서 '테러 네트워크'를 조종하고 있다고 경보를 울리기도 했다. 민족주의 정권과 민족주의 운동에 대한 불신과 불안 때문에 미국 정부는 인권 탄압을 자행하는 정권을 포용하거나 테러 대행자를 지원해 주고 스스로 테러 행위를 후원했다. 앙골라, 니카라과, 아프가니스탄, 그리고 캄보디아에서 미국은 폭동을 지원하거나 아예 일으키기도 했다. 그러면서 그 폭동이 민주적이고 자유를 추구하는 것으로 보여지도록 만들었다.

소련 또한 폭력을 지원하는 데 있어서 소극적이지는 않았다. 대부분의 반식민 운동은 거의 평화롭게 진행되었다. 마르크스주의를 천명하고 소련의 지원을 받는다고 알린 경우조차도 게릴라전이나 군대 · 경찰을 목표물로 싸우는 방식으로 전개되었을 뿐이다. 남아프리카공화국에서의 아프리카민족회의 같은 경우는 테러를 간간이 저지르기도 했다.

소련은 국가 테러에 개입된 정부에 대해서는 지원을 하지 않았다. 여기에는 리비아의 무암마르 알-카다피Muammar al-Qaddafi, 에티오피아의 멩기스투 하일 마리암Mengistu Haile Mariam 등이 포함된다. 쿠바, 캄보디아, 북베트남, 동유럽, 중국 같은 공산주의 정부는 정치 통제를 유지하고 확고히 하기 위해 테러를 자행하였다. 스탈린 정권에서 협상이나 조정 대신 숙청이나 암살, 투옥 따위가 중요한 역할을 한 것에 대해서는 따로 언급할 필요가 없을 것이다.

미국의 정권 교체 작전

　1953년과 1954년에 미국 정부는 중앙정보부를 통해 이란과 과테말라에서 민족주의적이면서 개혁적인 정부의 전복을 사주하였다. 그리고 각 지역에서 공산주의 지하 정당을 쫓아내고 정치를 통제하면서 반대 세력을 약화시키기 위해 테러를 사용하는 정권을 세우는 것을 지원하였다. 이러한 '정권 교체' 작전을 준비하면서 미 중앙정보부는 잠재적 친미 인사와 적대 인사에 대한 자세한 정보를 모았고 유인물 형태의 선전물을 뿌렸으며 소련이 개입했다는 증거를 날조하여 소련에 반대하는 입장을 고무하는 뉴스를 조작하였다. 중앙정보부는 통치자를 대체할 만한 인물을 찾아 새로운 정부가 세워지면 재정적, 외교적 지원을 아끼지 않을 거라고 약속을 함으로써 작전 개시를 유인하였다.[12] 1953년 미 중앙정보부는 영국의 비밀정보국(SIS)과 손잡고 이란의 모함마드 모사데흐Mohammad Mossadegh 수상을 축출하기 위한 쿠데타를 일으켰는데, 이는 '영국석유회사British Petroleum Company'의 국유화를 막고 점점 커지는 공산당 투데Tudeh당의 영향력을 억제하기 위한 것이었다. 그들은 이미 파즐롤라 자혜디Fazlollah Zahedi 장군을 차기 수상으로 내정해 두었다. 몇 번의 오류를 범한 후 그들은 국왕 샤Shah로 하여금 정치에 대한 무관심을 포기하고 정부 교체를 지지하도록 압력을 가하였다. 거리 시위를 선동하기 위해 공산주의자로 가장한 미 중앙정보부 요원들은 무슬림 성직자들에게 '모사데흐를 반대하는 경우에는 야만적으로 처벌' 하겠다고 위협하였고, 이어 지도자급 무슬림 인사들의 집을 폭파시켰다. 이 두 가지가 미 정부의 대리인들이 직접 저지른 테러의 대표적 예다.[13]

미국은 1954년에 과테말라에서도 비슷한 계획을 추진하였다. 유나이티드 프루트 사社의 재정적 지원을 받아 (사실 국무장관 존 포스터 덜레스John Foster Dulles와 중앙정보부장 알렌 덜레스Allen Dulles는 이 회사와 사적인 이해관계에 있었다.) 시행한 집중 홍보 캠페인 이후 아이젠하워 대통령은 또 하나의 정권 교체를 승인하였다. 중앙정보부는 하카보 아르벤스Jacobo Arbenz 정부를 전복하기 위해 이웃의 온두라스에서 반체제 군을 조직하여 침공하는 데 적극적인 역할을 했다. 아르벤스 정부는 토지개혁, 높은 법인세, 하층민 청년에 대해 대학 교육 기회 부여 정책 등으로 유나이티드 프루트 사社와 엘리트들을 괴롭혔다. 이 두 집단은 과테말라에서 공산당의 영향력이 커지지나 않을까 하는 걱정에서 뜻이 통했다. 미국은 침공에 대해 공중 엄호를 해 주었고, 그 사이 중앙정보부는 공격에 대한 크기와 효과를 과장하는 허위 정보 캠페인을 개시하였다. 과테말라에서는 미국이 지원하여 생긴 폭력 사건도 몇몇 있었다. 해안으로 평화롭게 정박한 배를 공격하거나 나라 안에 있는 몇몇 목표물을 폭파하는 일을 지원한 것이다.[14]

이 두 경우는 쿠데타 이후 실제 테러로 연결되었는데, 정권 교체는 반대파에 대한 체포, 고문, 살해로 이어졌다. 미 중앙정보부는 새 정부의 보안군을 훈련시키는 일을 맡았고 그러한 관계는 한동안 이어졌다. 이란의 사바크SAVAK라 불리는 국가 정보 보안 조직은 전 세계를 뒤져 반대파를 찾아내는 기관원들이 엄청나게 널리 퍼져 있는 것으로 유명하다. 사바크는 미국에서만 열세 명의 기관원이 3만 명의 이란 학생을 끊임없이 감시하고 있다. 사바크는 미국과 이스라엘의 정보기관의 지도로 1957년에 설립된 조직이다. 처음에는 투데 당원을 체포하는 것이 주 임무였으나 시간이 가면서 정치·시민 활동의 모든 면에서 정보를 조사하고 조정하는 고도의 기술을 미국으로부터 배우는 비밀경찰 조직으로 성장하였다. 사바크는 신문, 언론인, 노동조합, 농민 조직, 시민 단체를 집중 감시하였다. 자체 감방을 두고 극도로 잔인한 고문을 집중적으로 사용하였다. 보도에 의하면 1978년의 시위에 대한 대응으로 사바크가 살해한 이란 시민의 수가 만 3천 명에서 만 5천 명에 이르고 부상당한 수는 무려 5만 명에 이른다고 한다.[15] 사바크 활동 기간 동안 미 중앙정보부는 친밀한 협조자로 남아 있었다.

미 중앙정보부가 수행한 이란의 쿠데타에 관한 자세한 연구를 보면 하나의 중요한 교훈을 알게 되는데, 미 중앙정보부의 군사 기획자가 체포할 정치범 명단을 미리 준비해 두었다는 것이다.[16] 과테말라에서도 미 중앙정보부는 그러한 명단을 가지고 있었는데, 미 중앙정보부 자료 가운데 '공산주의자와 그 협조자에 대한 명단'이 바로 그것이다. 쿠데타가 일어난 직후 경찰은 수백 명의 시민들을 체포하고 살해했다. 민간인 복장을 하였지만 실제로는 보안군에게 명령을 받는 암살단을 가동시키는 죽음의 탄압 체제가 자리 잡았다. 원주민의 저항은 약화되었고, 반공 과업은 지속적으로 반복되어 이후 사십 년 동안 십만 명의 과테말라 시민이 살해당했다. 그 기간 동안 미국은 과테말라 정부를 적극 지원하는 우방이었고 도시 반테러 기동 타격대를 고안·준비하고, 군사 자문과 장비 지원을 하는 데 힘을 아끼지 않았다.[17]

정부의 테러

과테말라 정부가 마야Maya 인 마을에서 테러를 저질러 사람들을 살해한 것은 1980년대 초에 최고조에 달했다. 그때 미국은 니카라과의 산디니스타 민족해방전선(Frente Sandinista de Liberación National, FSLN) 정부를 전복하려고 공개적으로, 때로는 암암리에 작전을 펴고 있었다. 산디니스타 정부는 1979년에 미국이 지원한 아나스타시오 소모사 군사 정부가 붕괴된 뒤 정권을 잡았다. 레이건 정부는 중앙아메리카와 카리브 해 연안에서 공산주의 영향력이 확산되는 것에 대해 두려움을 느끼고 있었는데 특히 산디니스타 좌익 운동이 벌이는 게릴라전의 성공에 초조해했다. 정책 입안자들이 국가안보국과 중앙정보부에 집중하여 보수적이면서 유순한 지도자로 산디니스타 정부를 대체하도록 작업하는, 이른바 '낮은 강도의 전쟁' 이론을 실천에 옮기기로 했다.

실천 방법의 핵심은 소모사 정부의 국가방위군을 비롯하여 전반反산디니스타 지도자인 에덴 파스토라Eden Pastora 주변의 여러 지파 가운데서 인원을 선발하여 게릴라 부대를 설립하는 데 있었다. 최근 '정보자유법Freedom of Information Act'에 의해 공개된 자료에 의하면 '콘트라Contra'라고 알려진 무장 집단이 전적으로 미국에 의해 만들어지고 지원받았다. 콘트라는 농업협동조합과 같은 '부드러운 목표물'을 공격하도록 지시를 받았다. 여기에서 일부는 미국의 전문가와 그들이 마련한 '선택된 폭력 사용법'과 '저항의 원천에 대한 강압적 심문 방법'에 대한 교범을 훈련받기도 했다. 콘트라는 민간인을 공격하기도 했는데 심지어는 기습 공격 후 사살하기도 했다.

콘트라를 더 효과적인 집단으로 만들고, 니카라과의 경제를 무력화시키기 위해 미국은 군사 작전을 직접 감행하기도 했는데 주로 석유 기지 같은 경제 기반을 공격한 뒤 그것을 콘트라의 공적으로 삼도록 허용했다. 콘트라가 고유 권한을 갖는 실체라는 인상을 심어 주기 위해 미국은 아주 미묘하게 여론을 홍보하고 뉴스를 조작했다. 레이건 대통령은 "콘트라는 미국을 건국한 아버지들과 그 도덕성이 버금갈 정도다."고 하는 유명한 말을 한 적이 있다. 니카라과의 대서양 연안과 카리브 해 연안에 있는 항구들은 미국에 의해 파괴되었는데, 이것은 니카라과에게 무엇보다 중요한 해상 무역을 질식시켜 니카라과 해상 보험의 수가를 높이려는 미국의 의도 때문이었다.

미국은 단지 냉전 체제 아래에서 신뢰할 수 없다는 것을 근거로 상당수 정부를 전복시켰다. 1961년 콩고의 루뭄바Patrice Lumumba 대통령 암살과 모부투Joseph Mobutu의 대통령 임명은 부패한 전제 정부의 시작을 알리는 신호탄이었다. 1965년 인도네시아에서 수카르노를 수하르토로 교체한 작업은 오십만 명에서 백

알제리의 독립

이스라엘에서 감행된 자살 테러의 윤리에 대해 극단으로 치닫는 논쟁은 1950년대 프랑스에서 있었던 논쟁과 섬뜩하게 비슷하다. 알베르 카뮈Albert Camus는 실존주의 철학자이자 프랑스 식민주의에 대한 통렬한 반대자인 장 폴 사르트르Jean-Paul Sartre와 함께 프랑스와 알제리 양쪽의 무차별적 폭력 사용에 저주를 퍼부었다. 카뮈의 도덕적 균형성은 존경받기에 충분하다. 그렇지만 사르트르가 지적하였듯이 카뮈의 저주가 잘못된 논리의 오류를 기반으로 하고 있다는 점도 중요하다. 억압을 비극으로 만드는 것은, 억압받는 이들이 자신들의 인간적 자유를 위해 자기를 억압하는 자가 사용하는 야만적인 방법을 그대로 채택할 수밖에 없게 된다는 바로 그 사실이기 때문이다.

질로 폰테코르보Gillo Pontecorvo 감독이 만든 네오리얼리즘 계열의 영화 〈알제의 전투The Battle of Algiers〉(1967년)는 게릴라전을 집요하게 기록한 것으로 유명하다. 영화에는 포로가 된 민족해방전선FLN의 정치 지도자 벤 흐미디Ben H' midi가 프랑스의 한 기자에게 질문을 받는 장면이 나온다. 기자가 무고한 프랑스 민간인을 살해하는 것을 어떻게 정당화할 수 있는지 묻자 흐미디는 프랑스가 네이팜탄을 사용하고 농촌을 융단 폭격하는 것을 지적하면서 "우리가 당신들의 폭격기를 가지고, 당신들은 우리 아낙네들의 바구니를 가져 보아야 한다."고 대답했다.

프랑스가 알제리에서 벌인 반란 진압은 즉각 반反폭동 전투의 고전이 되었다. 민족해방전선의 네트워크를 부수기 위해 프랑스 낙하산 부대는 카스바(Casbah, 알제리 수도 알제의 중심부에 있는 옛 시가지. 옮긴이)를 차단하고 알제리 사람 수천 명을 무차별 공격했다. 프랑스는 수천 명의 남녀 알제리 사람에게 고문을 가하고 재판 없이 처형했다. 결국 그러한 짐승 같은 전략이 먹혀들어 갔고, 프랑스는 도시 게릴라 조직을 분쇄하였다. (…)

알제리는 1962년에 독립을 쟁취하였다. (…) 식민지를 지키기 위해 2만 명의 프랑스 인들이 헛되이 죽어 갔다. 그리고 자유를 얻기 위해 알제리 사람 백만 명이 죽었다.

▶출처 ─ 존 산본마스Johm Sanbonmatsu, 『예루살렘을 위한 전투는 알제리를 위한 전투가 될 것인가?
자살 폭발과 식민주의, 그때와 지금Will the Battle for Jerusalem Become the battle of Algiers?
Suicide Bombings and Colonialism, Then and Now』 April 2002, http://opgreen.org

만 명에 달하는 인명 학살을 촉발시켰다. 1973년 칠레에서 아옌데 정부를 무너뜨리는 군사 쿠데타의 길을 터 주기 위해 미 중앙정보부는 칠레 육군 총사령관인 슈나이더Rene Schneider 장군을 '중립화' 시키려 애썼으며 그 과정에서 칠레 육군 인사들을 적극적으로 만났다. 슈나이더는 법적으로 선출된 대통령에 반대하는 쿠데타에 강력하게 반대하는 강한 헌법주의자로 알려져 있다. 미 중앙정보부가 작업하던 일단의 군인들이 1970년에 슈나이더 장군을 살해하였을 때 미국은 암살자를 보호하는 일에 적극 거들었다.[18] 이 사건은 1837년 이래로 첫 번째 정치 암살이었다.

정부의 교체는 보통 매우 복합적인 사건이다. 따라서 그 일에 개입하는 것은 비밀리에 이루어지는데 단지 한 나라만 개입하는 것은 아니다. 개입 국가는 자체 생명력을 가지고 있는 지역사회의 힘과 군사력을 활용하려고 시도한다. 미국이 개입한 몇 가지 쿠데타에서 테러리스트들에게 한 일은 고무 격려, 자금과 무기의 지원, 향후 지지에 대한 확신 전달 그리고 위험인물과 조직 명단 제공 등이었다.

미국의 군사 개입과 보안 전문가 개입은 좀 더 많은 것을 드러내 준다. 그들은 심문과 '반폭동' 기술에 대한 요인 훈련을 실시하고, 보안 장치의 기획과 조직을 지원한다. 미 관리들은 그러한 장치와 기술이, 정부 권력을 지키고 체계적이고 장기간에 걸친 테러에 이용된다는 사실을 매우 잘 알고 있다.

블로우백과 불안정

미국 전략의 관점에서 보면 두 가지의 큰 위험이 있는데, '블로우백'과 불안정이 바로 그것이다. '블로우백blowback'이란 미 중앙정보부에서 사용한 용어로, 비밀공작의 '의도하지 않았던, 예측할 수 없었던, 원하지 않은 결과'를 말한다. 이 용어는 미국이 만들고 강화시켰으나 결국 미국을 공격하게 된 조직의 행동을 뜻하는 것으로 자주 사용된다. 블로우백의 대표적인 예는 미국의 이익에 가하는 테러를 들 수 있다. 미국은 아프가니스탄에 소련이 침공하였을 때 소련군에 저항하여 효과적으로 싸움을 전개하도록 파키스탄과 아프가니스탄의 이슬람 근본주의 집단과 탈레반 육성을 위한 자금, 훈련, 장비를 지원했다. 소련군은 쫓겨 퇴각하였고 소비에트 정권은 크게 약화되었다. 탈레반으로의 정권 교체는 수십 년 동안 진행된 불안정에 안정을 가져다주었다. 그렇지만 사우디아라비아와 이집트에 자금을 대서 세운 탈레반 학교에서 육성된 요원들을 통해 비평가들은 블로우백의 징후를 보았다. 전사들은 냉전 시기에는 서구의 이익을 위해 싸웠으나 이제 미국과 동맹을 맺고 있는 정부를 목표물로 삼으면서 반서구 테러리스트로 등장한 것이다. 탈레반이 알-카에다를 지지하면서 블로우백은 지속되고 있다.

불안정 가능성 또한 테러를 촉진시킬 수 있다. 쿠데타를 암암리에 지지하여 정권 교체를 유발하는 전략은, 새 군사정권이 미국에 의해 잘 조직된 보안 방책을 자기 권력 유지와 정치 세력 통

테러를 위한 훈련

미 중앙정보부는 라틴아메리카 군대와 보안 당국을 대상으로 용의자 심문법을 가르치면서 두 가지 비밀 교본을 사용했다. 『쿠바르크KUBARK 첩보 활동 심문―1963년 7월』이라는 교본이 그 하나고, 다른 하나는 『인적 자원 훈련―1983년』이라는 개정판이다. 이 두 문건은 1994년에 제정된 정보자유법에 근거해 일간신문 「볼티모어 선Baltimore Sun」이 공개를 요청하고 소송을 제기할 위협까지 하자 1997년 1월에 정보가 해제됐다. 1997년 1월 27일 게리 콘, 진저 톰스, 마크 매튜스가 쓴 비밀 문건에 관한 기사 제목은 '고문은 중앙정보부에서 배웠다'였다. 기사는 1963년 교본 46쪽에 있는 문구를 옮겨 놓았다.

"심문실을 계획할 때는, 전류를 미리 알아야 한다. 그래야 필요할 때 변압기와 기타 조정 장치들을 확보할 수 있다."고 써 놓았다.

이 대목을 두고 "용의자 심문에 쓰일 전기 충격 장치를 언급한 것"이라고 보도했다.

1963년 교본에는 '정보원이 저항할 때 쓰는 억압적인 심문 방법'이라는 제목이 달린 22쪽짜리가 포함되어 있다. 이 대목이 실려 있는 책의 100쪽에는 이런 충고가 적혀 있다.

"약물(그리고 다른 보조 수단)은 심문 대상이 저항을 멈춘 뒤 심문을 쉽게 진행하겠다는 목적으로 계속 사용되어서는 안 된다. 약물은 항복을 위한 것이고, 저항 중단과 협력의 보조제다. 일단 협조를 얻으면 억압적인 기법들은 도덕적으로 봐서도 중단되어야 하고, 또 필요하지도 않으며 효율도 떨어지기 때문에 중단해야 한다."

▶출처―Tom Blanton, 『The CIA in Latin America』, National Security Archive Electronic Briefing Book No. 27, http://www.gwu.edu/~nsarchiv

제에 이용하는 결과를 낳기 마련이다. 1970년 캄보디아의 시아누크Sihanoukrhd 왕자를 축출하는 론놀Lon Nol의 쿠데타를 지지한 것이 그 좋은 예다. 새 정권은 권력의 안정을 꾀하여 탄압을 가하였으나 반발이 크게 돌아왔다. 미국의 관심은 새 정부에서 테러를 탄압에 이용해서라도 정국을 안정시키는 데 있었으며, 테러 세력에 대한 지원을 점차 증가시켰다. 미국은 테러를 고의적으로 키우지 않는다는 조건에서 테러 사용을 묵인하였다.

냉전 이후의 국가 테러

제2차 세계대전이 끝난 지 사십여 년 동안 국가 테러에 개입된 국가를 지원하거나 국가 테러를 자행하는 것은 냉전과 봉쇄 전략과 연결되어 있었다. 냉전이 끝난 후 많은 독재 권력이 민주 정부로 대체되었다. 대표적인 예로는 남아메리카의 남부 지역 국가, 중앙아시아, 남아프리카, 인도네시아 등을 들 수 있다. 이러한 현상의 원인으로는 대중운동의 기술과 힘의 성장, 미국의 독재정부 지원 삭감 등을 들 수 있다. 그리고 냉전의 다른 쪽에서 소련의 붕괴와 동유럽에 대한 소련 통제가 끝나면서 동독에서 키르기스스탄에 이르는 약 스무 개 국가에서 소련이 지원한 국가 테러가 제거된 것 또한 원인으로 작용했다.

그렇지만 테러는 실제로나 잠재적으로나 여전히 남아 있다. 르완다에서의 학살, 짐바브웨에서 무가베 정부가 저항에 대해 자행한 폭력, 체첸에서 러시아가 취한 행동 등은 국가 테러가 냉전이 아닌 다른 원인으로도 작용한다는 사실을 보여 주고 있다. 미국이 냉전 시기보다는 테러 국가에 대한 지원을 덜 하고 있지만, 뉴욕과 워싱턴에 대한 공격은 새로운 가능성을 열고 있기도 하다. 테러와의 전쟁, '우리와 함께 하지 않는 자는 우리의 적'이라는 사고 아래 미국 정부는 '우방' 정부가 그 자신의 적이나 이웃 나라에 국가 테러를 자행하는 일을 지원할 수 있다. 체첸에 대한 러시아, 카슈미르에 대한 파키스탄, 우즈베키스탄, 타지키스탄, 키르기스스탄 같은 나라가 이러한 예가 될 것이다.[19]

미국이 테러를 광범위하게 사용하고 있는 집단이나 정부에 대해 지원할 의사가 있느냐는 것은 의심의 여지가 있다. 미국과 서구가 테러 정권을 지원하게 된 것은 과연 지금은 더 이상 작동하지 않는 냉전의 역동성이었는가, 아니면 지구 경제와 자원에 대한 이익 추구를 위한 방어였는가? 반공주의였나 아니면 제국주의였나? 선한 민주주의자 대 악한 테러리스트라는 지구적 차원에서의 이원론은, 대중운동을 억제할지라도 지구적 경제 과제를 촉진시킬 수 있는 정부와 정책이라면 무조건 지원하는 의식적인 노력일 수 있겠는가? 그리고 미국과 서구에 그 정책이 과연 있는가? 그렇다면 러시아 같은 나라가 같은 논리로 자신의 역사적 영향권 안에 있으면서 테러에 개입된 나라들을 지원할 것인가?

정부가 무기에 엄청난 통제력을 보여 주는 것을 보면 국가 테러를 저지르는 양이 늘고, 계속적으로 테러가 일어난다는 사실에 새삼 놀랄 까닭이 없다. 범죄를 저지르는 갱, 테러 조직, 게릴라 부대, 사기업과 개인 등은 엄청난 총기와 폭발물을 보유할 수 있

정부 무력 대 알-카에다의 무력

알-카에다는 1년 작전 비용으로 적어도 2억 달러를 보유하고 있다. 그 가운데 절반, 즉 1억 달러는 군사 작전에 사용될 것이다. 각 정부가 군사용으로 사용하는 액수는 아래와 같다. 정부의 국방비 예산과 비교할 때, 미국의 무기는 알-카에다의 무기에 비해 4천 배, 수단은 알-카에다의 여섯 배 수준임을 알 수 있다.

"유엔:테러에 관한 확인되지 않는 정부와 전문가의 자료를 인용한 보고서에 따르면 알-카에다를 대신해 표면상 적법하게 북아메리카, 서아시아, 유럽, 아시아에 걸쳐 지속적으로 운영해 온 사업 규모가 3천만 달러로 추산된다. 어떤 이는 3억 달러에 달한다고 주장하기도 한다. 익명으로 밝힌 보고서는 말하기를 알-카에다는 모리셔스, 싱가포르, 말레이시아, 필리핀, 파나마 등에 투자를 하고 있고 모호한 은행 계좌들을 두바이, 홍콩, 말레이시아, 비엔나 등에 보유하고 있다고 했다. 또한 알-카에다에 대한 부자들의 사적 기부는 1년에 약 1억 5천6백만 달러에 달하는 것으로 추산되는데, 이는 '전반적으로 줄지 않고 계속되고 있는' 것으로 믿고 있다고 주장했다."

▶출처―에블린 레오폴트Evelyn Leopold, 2002년 8월 29일,「로이터 통신」

방위정보센터Center for Defense Information에 의하면, 2000년 주요 나라의 군사 비용은 다음과 같다.

단위:$

미국	3,960억	터키	50억
러시아	600억	파키스탄	30억
사우디아라비아	270억	콜롬비아	20억
인도	160억	필리핀	10억
이스라엘	90억	쿠바	7억
스페인	70억	수단	6억

▶출처―http://www.cdi.org

다. 그렇지만 그들이 가지고 있는 무기는 정부가 장악하고 있는 화력에 의해 분쇄되기 마련이다. 더욱이 정부는 경쟁자와 적에게 자신의 정치권력을 수호해야 하는 거대한 이해관계를 가지고 있다. 정부 지도자가 임의로 사용할 수 있는 자금, 무기 그리고 정보망을 이용해 권력을 장악하고 다른 정치적 목적을 추구하기 위해 테러를 이용할 유혹에 빠질 수도 있지 않겠는가 하고 불안해 할 필요는 없다.

놀랄 만한 것은 정부가 실제보다는 더 테러에 기울어 있지 않다는 사실이다. 저 악명 높은 '블로우백'이 자주 일어난다는 사실이 정부 지도자에게 테러를 단념하게 할 것이다. 시민의 자유를 수호하는 정책을 지지하고 정부 행위를 공개하게 하는 정치 행위들은 지도자가 테러의 유혹을 단념하고 열린 정치 문화를 강화하게 할 것이다.

4 테러리즘의 도덕과 역사

TERRORISM

테러리즘에 대한 공개적인 논의는 어느 정도 수준
까지 이르러 있는가?
테러리즘의 역사는 어떻게 흘러왔으며, 그 도덕적
근거는 어떻게 확보되어 왔는가?

테러리즘의 도덕과 역사

부시 대통령이 테러와의 전쟁을 선포한 이래, 세계의 거의 모든 나라에서 테러에 관한 연설, 회합, 출판, 법, 카툰 등이 폭발적으로 터져 나왔다. 여기에는 사람들의 생각을 만들어 내고, 어떤 행동에 대해 지지를 얻으려는 분명한 시도가 있다. 여론을 만들어 내는 사람들이 전개하는 도덕적이고 역사적인 주장에 관한 지도를 그려 보는 것은 자기 고유의 관점을 개발하는 데 유용하다.

테러에 관한 가장 활발한 대중 토론은 도덕적 갈등에 초점을 맞추고 있다. 여기에서는 테러리스트나 반테러리스트나 모두 할 말이 많다. 그들은 상황을 아주 단호하게 선과 악의 대결로 규정 짓는다. 선 대 악으로 표현하면서 위치를 설정하는 것은 희생자나 가해자 둘 다 같다. 이것은 단기적인 정치 결과다. 발언자들은 도덕적 위치를 강하게 취하는 입장을 세운 반면 청중은 범주가 추상적이더라도 스스로 자신의 입장을 세울 수 있다. 그렇지만 오래지 않아 그 입장은 초라하게 되어 버린다. 토론은 도덕적 이해를 넓히는 것과 아무 상관이 없기 때문이다. 간단히 말하면 토론은 기존의 편견을 되풀이하고 테러의 원인과 의미를 찾는 작업을 질식시켜 버린다.

테러에 관한 도덕적 주장은 적어도 세 가지 서로 다른 핵심 개념 위에 이루어진다. 즉 도덕적 공동체, 인권, 행위의 결과다. 여기에서 어떠한 원리에 의지할 것인지를 안다면 서로 다른 입장을 쉽게 이해하고 평가할 수 있다. 혼란스러운 것은 일부 논쟁이 어떤 근거가 옳은 것인지에 관한 것으로 흐른다는 사실이다. 토론자들은 때때로 누구의 행위가 자기편이고, 적의 편인지를 판단하고 나서 판단 근거를 달리 한다는 사실이다.[1]

도덕적 공동체론 | 테러를 선택하는 것이나 테러에 대해 분노하는 것이나 모두 상부상조 원칙을 갖는 도덕적 공동체 안에서의 소속감에서 기인한다. 이러한 소속감은 보통 공동체 건설에 관한 이야기에 의해 키워지는데 공동체 건설 이야기의 두드러진 내용은 주로 테러와 반테러로 이루어져 있다. 미국 건국 이야기는 식민 시기의 인디언 전쟁과 독립전쟁 모두를 포함하고 있다. 그 두 가지 갈등 속에서 테러는 항상 전쟁에 따라다닌다. 폭도들이 가족을 몰살하고 정착지를 불 질러 버린다. 이스라엘의 경우 그 기운을 유대인 대학살이라는 엄청난 테러의 고통과 일부 무장 테러리스트의 행동에서 찾는다. 몇몇 팔레스타인 마을에서 학살을 저지르자 정착 주민들의 도피 행렬이 더욱 크게 발생했다. 예루살렘의 킹 데이비드 호텔의 트럭 폭발 테러로 수십 명의 영국 시민이 사망하자 영국은 군대 철수 압력을 받았고 결국 이스라엘 군대만 남아 새로 건국한 나라의 영토 안보를 수행하게 했다. 인도

와 파키스탄은 영국 식민 지배에서 독립하는 과정에서 발생한 폭력적 분단 속에서 탄생했는데, 그 과정을 겪으면서 파키스탄에서는 엄청난 규모의 힌두교도 살해가, 인도에서는 무슬림 살해가 발생하였다. 천4백만 명이나 되는 난민들이 새로운 국가의 '바른' 쪽으로 이주해 가는 속에서 발생한 고통과 파괴는 테러 행위보다 훨씬 더 살육적으로 변하였다.

만일 팔레스타인이 국가가 된다면, 테러는 분명히 국가 건설의 일부가 될 것이다. 다른 민족주의 운동 또한 마찬가지다. 아일랜드, 바스크, 코르시카, 타밀, 쿠르드, 세르비아 등이 좋은 예다. 이들은 자신들의 도덕적 공동체가 하나의 국가가 된다는 믿음 속에서 민간인에 대한 폭력이 정당화된다고 믿고 테러를 저지른다. 알제리, 앙골라, 케냐 등 여러 곳에서 테러는 정치적 독립을 쟁취하는 데 결정적 기여를 했다. 식민주의와 탈식민화의 허구에 대한 통렬한 비평가인 프란츠 파농은 1959년에 "주민이 공격받는 것은 널리 퍼진 식민 압제의 폭력으로 분열되고 도덕이 땅에 떨어진 사람들을 통합하는 데 도움을 줄 수 있을 것"이라고 했다. 파농은 폭력을 수반한 투쟁은, 처음에는 절망적이고 조정도 잘 되지 않지만 점차 농민, 지식인, 노동자, 도시 실업자 사이에 공동

프란츠 파농 Franz Fanon, 1925~1961

서인도제도의 프랑스령 마르티니크 섬에서 흑인으로 태어났다. 프랑스 리용대학에서 정신병리학을 전공했고 알제리 독립전쟁을 계기로 민족해방전선(FLN)에서 활동했다. 이론가이자 의사로 활동하면서 임시혁명정부가 들어섰을 때는 가나 주재 대표와 루뭄바의 고문을 지냈다. 지은 책으로 『검은 피부 하얀 가면』(1954), 『지상의 저주받은 사람들』(1961), 『아프리카의 혁명을 위하여』(1964)가 있다.

의 정체성을 만들 수 있다고 했다. 그러면서 하나의 건전한 정치 공동체를 건설하기 시작할 것이라고 했다.[2]

파농은 분명한 관점을 가지고 있었다. 그로부터 사십여 년이 지난 지금 테러는 국가 공동체를 만들어 내는, 피 흘리고 피를 부르는 전쟁의 경험과 결합했다. 그렇지만 생산적 정치를 위한 테러의 유산에 대해서는 토를 달지 않을 수 없다. 협상을 통한 독립 쟁취보다 폭력으로 탄생한 알제리 같은 나라는 정치적 갈등을 평화롭게 해결하는 데 나을 것이 없다고 판명되었다. 논쟁이 있을 수 있지만, 틀림없이 그렇다.

국가 테러를 변호하는 공통의 논리는 국가라는 도덕 공동체의 수호다. 유대인, 집시, 동성애자에 대한 학살에서 나치가 내세운 것은 인종과 도덕의 오염을 막고 아리아인 국가를 수호하는 것이었다. 캄보디아, 르완다, 보스니아 등에서 자행된 인종 청소 또한 이와 비슷한 논리에서 벌어졌다. 스탈린이 내세운 것은 어머니 '러시아'와 '국제 노동자 계급'이라는 공동체였는데 이를 반대하는 자들은 모두 숙청되어야 했다.

도덕 공동체를 어떻게 의식하는가 하는 것이 테러 행위에 대한 반응의 기준이 된다. '선한 공동체의 수호를 위한 전쟁'이라는 비유는 보통 자의적이고 비상식적인 국가 권력을 정당화하는 데 사용된다. 미국의 시사평론가들은 테러리스트들이 민주주의의 자유를 남용하는 것에 대해 분노를 표한다. 평론가는 테러리스트를 시민 도덕에 치명상을 입히는 아주 사악한 적으로 간주하면서 테러리스트들이 이미 공동체 구성원으로서의 권한을 상실하였기 때문에 그들을 공격해야 한다고 주장한다. 미국 정부는 이러한 도덕적 입장 위에서 실천의 결론을 이끌어 냈다. 미국의 애국자법은 연방 정부 당국이 시민권자가 아닌 거주자를 아무런 사유 없이 구금할 수 있게 했다. 이런 행위 아래 깔려 있는 논리는 시민권이 없는 이들은 미국 시민 공동체의 일원이 아니기 때문에 미국 헌법에 의해 보호받을 이유가 없다는 것이다. 시민이라 할지라도 연방 정부가 알-카에다나 다른 적과 함께 일을 해 온 것으로 판명하면 '적의 전사'로 분류하고 적대 행위가 종식될 때까지 투옥시킬 수 있다. 실제로 그들은 시민의 일원으로서 부여된 권한을 잃고 있다. 정부 명령에 의해 헌법의 보호권을 박탈당한 것이다.

국가가 테러와의 전쟁에 개입되어 있다고 믿는 정치 지도자들은 적과 연계된 시민들을 살해하는 것을 반테러 행위의 일환으로까지 정당화할 수 있다. 이스라엘이 팔레스타인을 공격하는 것은 정당한 국가 테러와 반테러를 구별 짓는 경계를 넘은 것이라고 항변하는 사람도 있다. 많은 이스라엘 사람들이 가지고 있는 국가 수호의 언약은 과거 유럽에서 일어난 유대인 대학살을 가능케 한 유대인들의 치명적 약점을 종식시키기 위해 이스라엘이라는 나라가 건국되었다는 믿음에 의해 더욱 강화되었다. 이스라엘이 주장하는 수호 목적의 논리를 지지하는 쪽에서는 국가 수호를 위해서는 비정상적인 방법도 가능하다고 정당화시킨다.

팔레스타인 사람들도 이에 대해 팽팽한 주장을 펼치고 있는데, 자신들이야말로 조상이 물려준 땅에서 국가를 수호해야 할 권리를 가지고 있다는 것이다. 자신들의 투쟁은 이스라엘을 세우기 위해 자기 땅을 도둑질해 간 이들에 대해, 국민국가를 세우고 자신들의 권리를 되찾기 위한 정당한 대응이라고 주장한다. 가옥과 토지에 대한 소유권이 기록되어 있는 서류에 의지하고 있는 가족들은 이미 오래 전에 파괴되어 버렸다. 이스라엘이 요르단 강 서안을 점령하면서 받은 모욕과 곤경에서 벗어나고 그 땅 위에서 살고자 하는 소망 또한 팔레스타인 사람들의 투쟁 의지를 북돋아 주고 있다. 이스라엘은 압도적으로 우월한 무력과 다양한 정보 기구를 가지고 싸우고 있으니 이스라엘 사람은 모두가 적이고, 민간인 또한 예외가 될 수 없으며 민간인을 목표로 삼는 것은 정당하다고 항변한다.

오늘날 많은 정치 운동은 종교 신념이 도덕을 기반으로 하는 정치 공동체의 정당한 토대라고 주장하고 있다. 모든 종교는 신자들에게 신앙을 통해 정치 권위에 대해 지지하도록 하는 잠재 능력을 가지고 있다. 모든 종교는 인간들끼리의 상호 작용을 통치하기 위한 법, 선과 악의 구별에 대한 거대한 진리가 존재한다고 주장한다. 그러한 주장이 더 시급하고 악의 군대가 더욱 위험한 것으로 느껴질수록 신앙을 정치 형태로 바꾸도록 호소하는 일이 설득력 있다. 거기에는 적을 무찌르고 신앙을 지키기 위해 무력을 동원해 살육 행위를 하는 것도 포함이 된다. 종교 사상과 심각한 차이를 가지고 있는 정치 종교 옹호자들은 세속적 정치 이상이 도덕적으로 심각하게 타락되어 있다고 하는 데 의견 일치를 보고 있다. 그들이 물질주의와 세계를 지배하는 적에 대해 기술하는 내용은 놀랄 만큼 닮아 있다. 특정 해석의 기독교와 이슬람에 의해 고무되어 테러 집단들은 유대인, 공산주의자, 자본주의자, 미국과 유엔이 뒷받침하는 박애주의자들에 대해 똑같은 음모론으로 비난한다.

갈등 상황에서 도덕적 공동체에 대한 언약은 보통 전쟁으로 가는 가장 주된 정당성을 제공해 준다. 좋은 예가 조지 부시 미국 대통령이다. 부시는 테러 국가, 테러리스트, 불량 국가를 부수는 것이 미국이 취해야 할 제1의 권리라고 했다. 또 미국의 도덕 공동체를 위협하는 적을 분쇄하는 것은 그동안 늘 방어적이었고, 나중에 늘 정당화되었다고 말했다. 일단 어떤 정부나 집단이 공동체를 수호하는 전쟁에 개입되어 있는 것으로 판정이 나면 무기를 사용해 많은 민간인을 살해하고, 꼭 필요한 정보를 얻기 위해 죄수를 고문하고, 임무를 띤 채 자살 테러 특공대를 보내는 일 따위는 아주 작은 걸음 하나를 내디딘 것에 지나지 않는다. 오사마 빈 라덴이 선언한 '지하드'가 바로 이런 발걸음을 디딘 것이라 할 수 있는데, 그는 민간인과 군인을 구별하지 않은 채 전체 미국인을 공격할 것을 선언하였다. 그러한 선언은 보통 실제적인 것보다는 상징적인 것이기가 쉽다. 하지만 선언 자체가 잠재적 추종자들의 도덕적 공동체 의식을 강화하는 계기가 될 수도 있다.

특정 집단에 대한 도덕적 공동체의 언약은 물론 미덕을 갖는다. 공동체 구성원 사이에 협동 관계를 부드럽게 하고 정권을 정당화한다. 다른 공동체를 인정하는 근거로 작용하기도 한다. 마찬가지로 민족주의자들이 다른 국가를 인정한 것은 자기 나라에 대한 도덕적 권리를 갖는 길일 수도 있다. 상호성은 갈등을 해결할 수 있는 방책 가운데 하나다. 예를 들어 팔레스타인 사람들과 이스라엘 사람들은 '두 국가' 모두를 인정할 수 있었다. 양쪽 모두 주권과 영토를 갖는 정부로 완성된 국가를 가질 정당한 자격을 갖추고 있다. 그러고 나서 국경을 어떻게 그릴 것인지, 안보를 어떻게 보장할 것인지를 논하면 되는 것이다. 그런데도 특정 지역에 대한 도덕적 공동체의 집착은 문제를 더욱 복잡하게 만들었다. 요르단 강 서안 정착지에 살고 있는 이스라엘 사람들은 그 땅에 대한 자기들의 권리는 절대적이고 하나님께서 주신 것이라고 믿고 있다. 그들은 팔레스타인 사람들이 국가에 대한 권리를 다른 곳에서 행사해야 한다고 주장한다.

반면 '하마스'와 같은 팔레스타인 조직은 그 지역에 대한 이스라엘의 권리 주장이 무효라고 선언한다. 그들은 이스라엘 사람들이야말로 훔쳐서 점령한 땅에서 그러지 말고, 다른 곳에 가서 국가 권리를 행사하라고 주장한다. 영토를 도덕적 공동체로 일체화시키는 것은 전 세계의 테러로 얼룩진 수많은 갈등에 대해, 협상을 통한 해결로 가는 길목을 차단하고 있다.

기독교와 이슬람처럼 보편적 타당성을 주장하는 종교에서 정치에 대한 가치를 취하는 사람은 누가 무엇을 믿든지 관계없이 자신들의 도덕이 타당하다고 주장할 것이다. 어떤 광신도들은 믿지 않는 이들에게 참도덕에 따를 것을 강요하면서 자기 스스로 하나님의 사역을 하고 있다고 생각한다. 식민 독재 통치자들은 식민지 백성에게 임금을 주지 않고 노동을 하도록 강요하고 그 토지를 징발하면서 그것이 모두 기독교의 문명화 사명이라고 했

NO-NONSENSE

「하마스 헌장」에서

이슬람 저항 운동에서 팔레스타인의 땅은 최후 심판의 날이 올 때까지 미래 세대의 무슬림에게 봉헌된 이슬람의 와끄프(waqf, 양도 불가능한 신성한 자산. 옮긴이)다. 그 땅은 단 한 조각이라도 빼앗겨서는 안 된다. 단 한 조각이라도 포기해서는 안 된다.

이슬람 저항 운동의 관점에서 보면 민족주의는 종교 신조의 한 부분이다. 적이 이슬람의 땅을 더럽히고 있을 때 그것을 중지시켜야 하는 것보다 더 중요하고 심각한 민족주의는 없다. 적에게 저항하고, 적을 잠재우는 것은, 남성이든 여성이든, 모든 무슬림 개인이 지켜야 할 의무다. 여성은 남편의 허락 없이도 적과 싸우러 나갈 수 있다. 노예 또한 마찬가지니 주인의 허락 없이 싸우러 나갈 수 있다.

유대가 팔레스타인 땅을 강탈한 상황 속에서 지하드의 깃발을 드는 것은 우리의 의무다. 이를 실행하기 위해서 지역에서, 아랍인으로서, 이슬람 수준에서 대중들 사이에 이슬람 의식을 널리 전파해야 한다.

과학자, 교육자와 교사, 정보와 언론 종사자뿐만 아니라 교육받은 대중, 특히 이슬람 운동을 하는 청년과 장년은 대중 계몽에 적극 참여하여야 한다.

사회적으로 책임을 진다는 것의 의미는 과업을 실행하는 데 참여하고 있으면서 지원을 필요로 하는 사람들에게 자금이나 정신적인 지원을 넓히는 것이다. 이슬람 저항 운동의 구성원은 대중의 이익을 자기 이익으로 여겨야 한다. 이를 달성하고 보존하기 위한 노력을 아껴서는 안 된다. 무엇이든 사회에 손실을 가져다주거나 다가올 미래 세대에게 좋지 않은 짓은 반드시 막아 내야 한다. 오랫동안 적들은 자신들의 것을 확보하기 위해 주도면밀하게 계획하였다. 적들은 자기 꿈을 실현하기 위해 바칠 엄청난 규모의 물질적 부를 모으는 데 매진했다. 그 돈으로 세계의 언론, 뉴스 통신사, 신문, 출판, 방송국을 조정하였다. 프랑스 혁명, 공산주의 혁명을 비롯한 우리가 들은 바 있는 세계 각지의 대부분의 혁명 뒤에는 항상 그들이 있었다. 자기들의 돈으로 시온주의자들의 이익을 더 많이 취하고 사회를 파괴하기 위해 프리메이슨, 로터리클럽, 라이온스 같은 비밀 결사체를 세계 각지에 만들었다. 자신들의 돈으로 제국주의 나라를 조정할 수 있었고 그들로 하여금 많은 나라들을 식민 지배하도록 부추겼다. 그리고 그 식민 국가의 자원을 착취하고 그곳에 부패를 퍼뜨렸다.

그들은 제1차 세계대전 뒤에도 있었으니 이슬람의 칼리프 제도를 붕괴시킨 것도 결국 그들이다. 제2차 세계대전 뒤에도 있었으니, 전쟁 중에 무기 거래를 통해 막대한 규모의 재정 이익을 만들어 냈고 그 돈으로 자기들의 국가를 세울 수 있는 길을 열었다. 국제연맹League of Nations을 국제연합United Nations으로 대체하도록 사주한 것이나 그 안에서 안전보장이사회를 통해 세계를 지배할 수 있도록 한 것도 그들이었다.

시온주의자들의 계획은 한도 끝도 없다. 시온주의자들은 팔레스타인을 지나 나일 강에서 유프라테스 강까지 팽창할 야망을 가지고 있다. 그들은 자신들이 차지한 지역을 동화하고 나서 그보다 더 멀리 팽창하고자 할 것이고 그 이후에도 또 할 것이고, 또 할 것이다. 그들의 계획이 「시온 장로 협정서*Protocols of the Elders of Zion*」와 현재 그들이 하고 있는 행동에서 구체화되고 있다는 사실이 지금 우리가 말하고자 하는 것에 대한 가장 좋은 증거다.

▶출처―www.mideastweb.org/hamas

다. 하지만 그들이 갖는 권한은 더 발전한 공동체가 더 미개한 공동체에 행한 착취일 뿐이다. '지하드'라는 용어는 이슬람 사상 안에서 여러 가지 중층적 의미를 가지고 있지만 '투쟁'으로 번역하는 것이 가장 좋다. 지하드는 개인이 이슬람의 충만한 진리를 받으려고 하는 영적 투쟁을 의미하기도 하고, 어떤 무슬림에게는 불신자나 거짓 형태의 이슬람을 믿는 사람들의 침략에 대해 폭력을 사용해서라도 이슬람을 수호하는 투쟁을 의미하기도 한다. 기독교도 마찬가지다. 십자군 전쟁이나 종교재판 때 기독교인들도 무력과 테러의 방법을 동원하여 공동체를 수호하려고 했다. 이러한 종교적 '진실'의 외곽에 서 있는 많은 사람들에게, 그들이 주장하는 보편적 타당성은 거짓이면서 침략적인 것으로 보인다. 그들이 주장하는 가치는 더 넓지만 여전히 한계가 있는 도덕적 공동체에 속해 있다.

도덕적 공동체는 결코 협상할 수 없는 전제를 지녔고, 나아가 급진적 방법을 정당화하는 경향이 있다. 자신들이 선하다면 상대방은 반드시 악한 존재가 된다. 그러면서 외부인을 배척하고 때때로 전쟁을 일으키는 뚜렷한 이분법으로 들어가게 되는 것이다. 거기에 악과의 협상이란 있을 수 없다.

누구든 우리와 함께 하지 않으면 반드시 적이다. 그 안에서 이끄는 자와 따라가는 자가 구별될 수 없고 군인과 민간인의 구별도 없으며 저지르는 자와 (억지로든 모르고든) 지지하는 자의 구별도 없다. 그렇게 단순하고 왜곡된 세계 안에서는 '진실한 도덕 공동체' 바깥에 서 있는 사람에 대한 테러를 합리화하는 것은 터무

지하드

'지하드'는 '투쟁'을 의미한다. 우선적인 뜻은 내적인 것, 즉 자아에 관한 투쟁으로 타락한 행위나 기호를 제거하는 것이고, 더 높은 도덕적 성취 안에서 일관성과 인내를 훈련하는 것을 가리킨다. 이슬람이라는 종교는 개인의 범주 안에 국한되어 있지 않고 사회와 인류 전체의 복지에까지 확장되어 있기 때문에 개인은 그가 속한 사회와 나아가 세계 전체에서 일어나는 일에서 격리된 채 자신의 문제에만 몰두할 수 없다. 이에 대해 『꾸란』은 모든 이슬람 국가에게 '선을 명령하고 악을 금지하는 것'을 의무로 삼도록 명령하고 있다. 이 의무는 단지 무슬림만이 아니라, 『꾸란』에 따르면 이 땅에 존재하는 인류 전체에 다 해당되는 것이다. 그렇지만 이 의무를 다른 사람이 행한다 할지라도, 무슬림이 기피해서는 안 된다. 그 의무를 달성하는 수단은 여러 가지가 있는데 우리가 사는 현대 세계에서의 모든 법적, 외교적, 중재적, 경제적, 정치적 수단을 포함하고 있다. 그렇다고 이슬람이 악을 재갈 물리기 위해 무력을 사용하는 것을 배제하는 것은 아니다. 무력은 선택의 여지가 전혀 없을 때 사용된다. 유엔 헌장에 나타나 있는 집단 안보의 원칙이나 침공 중지를 위한 집단 개입처럼 예전에 만들어진 개념은, 적어도 이론적으로는 『꾸란』에 근거를 둔 것이다.

> "(…) 그들 (싸우는 두 집단) 사이에 평화가 깃들게 하라. 그렇지만 만약 그 둘 가운데 하나가 나머지에 대해 끝까지 침략하고자 고집한다면, 그 침략자에 대항해 싸우라, 그 침략자가 하나님의 계명 안으로 되돌아올 때까지."

따라서 군사 행동은 지하드의 한 부분이다. 그렇지만 전체는 아니다. 그것은 예언자 무함마드가 군사 원정에서 돌아오면서 동지들에게 했던 다음 말을 통해 알 수 있다.

> "오늘 우리는 (전쟁이라는) 작은 지하드에서 (자기 통제와 향상이라는) 큰 지하드로 다시 돌아왔습니다."

▶출처—www.unn.ac.uk/societies/islamic/index에서 '이슬람과 무슬림'에 대한 부분.

니없이 쉽다. 그래서 부도덕한 행동이 도덕을 수호하는 수단이
되는 것이다.

보편적 권리론—인권 | 더 큰 도덕적 틀에서는 도덕 공동체를 주
장하는 서로 다른 많은 경쟁적 주장들이 존재한다는 사실이 인정
된다. 그 큰 틀은 특정한 종교적·문화적 시각에 얽매이지 않고
그러한 시각을 갖고 있거나 갖고자 하는 개인에게 정치적 권위를
준다. 도덕적 이해는 한 공동체의 경계선에 머무를 필요는 없고
보편적 가치 안에 근거를 두고 있으면 된다.

미국에서 일련의 영향력 있는 지식인들이 9·11 테러리스트들
이 저지른 악과 테러와의 전쟁을 감행하는 것이 갖는 정의에 대
해 성명서를 낸 적이 있다. 이 논쟁은 도덕에 관한 보편적 원리에
관한 것으로 전개되었다. 미국은 시민의 자유, 종교의 자유, 인류
수호 차원에서 보편성을 지켜야 했다. 무고한 시민들의 권리가
공격당하고 있지만 시민들 스스로는 그것을 지킬 수 없는 위치에
있는 상황이라 전쟁은 도덕적으로 피할 수 없다. 그렇게 합리화
된 전쟁은 정당한 권력에 의해 추진되어야 하고, 권력에 큰 위험
이 있더라도 폭력을 사용할 수밖에 없다. 성명에서는 미국의 모
든 문화적 가치, 사회적 추세, 정부 정책이 늘 지지받을 만한 것은
아니라고도 했다. 그렇지만 미국이 갖는 가치의 핵심은 타당하고
보편적이라고 주장한다. 그러한 가치를 지키기 위해 테러리스트
와 싸우는 것은 정당하다고 했다. 그러한 전쟁은 결코 민간인을
대상으로 하지 않지만 그 과정에서 무고한 사람이 죽는 것은 피

할 수 없다는 것이다.

추상적으로 볼 때 이 주장은 강하게 보인다. 인권 수호를 내건 세속 국가가 그러한 권리를 수호해야 할 수도 있다. 그렇지만 실제로 이런 주장은 한낱 정치적 판단에 지나지 않는다. 「월스트리트저널」의 편집인 로버트 하틀리Robert Hartley가 2002년 6월 17일자에서 밝혔듯, 테러와의 전쟁을 지지하는 자는 미국이 무슨 실수를 저지르든 항상 '세계에서 선을 위한 세력'인 것은 맞다고 말한다. 서명 동참자들은 2002년 6월 1일 부시 대통령이 웨스트포인트 육군사관학교 생도들에게 연설한 바, "미국은 건설할 제국도 유토피아도 가지고 있지 않다. 단지 우리가 우리를 위해 소망하는 것은 폭력으로부터 안전, 자유의 보답, 더 나은 삶에 대한 희망을 다른 사람들에게도 소망할 뿐이다."에 동의한다.

그렇지만 부시는 그 연설에서 미국 정부는 미국과 그 동맹국을 공격의 대상으로 삼으려고 하는 어떤 집단이나 정부에 대해서도 우선적으로 공격할 자격을 가지고 있다고 말함으로써 서명 동참자의 일부로부터 지지를 철회 당했다. 여기에서 우리는 누가 인권의 보편성을 규정하고 실행하는 일의 주체가 될 것인가 정하는 것이 얼마나 어려운 문제인지를 알 수 있다. 미국은 국제사회의 다른 어떠한 국가나 집단도 그런 권한을 가질 수 있다는 것을 결코 인정하지 않아 왔다.

미국에 의해 주도된 보편적 권리는 테러와의 전쟁에 대한 비판 세력에게는 또 다른 사건의 시작이기도 하다. 그리고 그 비판 세력 가운데 대부분을 미국 시민이 차지하고 있다는 사실도 중요하다. 미국을 비판하는 이들은 헌법과 도덕에 기초하여 동일한 가르침을 받아들이고 있다. 민주적인 통치와 시민권·인권을 지지하면서도 정치적 판단에서는 다른 목소리를 내는 것이다. 그들은 미국이 전 세계에서 영원한 세력은 아니라고 믿는다.

노엄 촘스키 같은 비판자는 이에 대한 모든 근거를 총출동시켜 놓았다. 촘스키에 따르면 미국은 이란, 과테말라, 인도네시아, 칠레에서 민주적으로 선출된 정부를 전복시켰고, 니카라과에서는 반정부 테러리스를 육성하였으며, 인도네시아에서 수하르토 대통령의 동티모르 인종 학살을 지지하였고, 이라크에서 사담 후세인 대통령이 독가스를 살포하면서 쿠르드 민족주의자들을 억압할 때도 이를 지지하였고, 아프가니스탄 정부를 해체하고자 탈레반을 훈련시켜 무장 세력으로 육성하는 일에 파키스탄, 사우디아라비아와 손을 잡았다고 주장한다. 촘스키는 전 세계에서 가장 강력한 정부가 자국의 경제적 이익을 위해 무력을 일상적으로 사용하여 왔다고 비판한다. 그렇게 함으로써 미국 정부는 '더 좋은 삶에 대한 희망'을 배신하게 되었다. 이 부분에서 우리는 미국 정부가 테러를 감소시키기 위해 취해야 할 가장 중요한 조치는 그러한 일에 개입하는 것을 당장 중지하는 것이라는 결론을 얻게 된다.

이 두 '보편적 권리'의 위치에 관한 논쟁에서 상대를 비난하는 것은 상처를 크게 내는 일이다. 그들은 모두 인류가 자유, 안전, 민주주의에 관한 권리를 보편적으로 가지고 있다는 도덕적 전제에는 동의한다. 심지어는 이 권리를 지지한다고 하는 미국의 설명이 순수하지 않다는 사실에도 동의한다. 그리고 나아가 세계무역센터와 미 국방성 건물을 파괴한 자들은 진실로 큰 위협이고 테러가 반드시 중지되어야 한다는 것에도 일치한다. 다만 이 두 집단은 보편적 인권에 대해 누가 위협이고 누가 위협이 아닌지를 판가름하는 유일한 자가 미국 정부여야 한다는 주장에 서로 다른 입장을 보이는 것이다. 미국에 대해 비판하는 쪽은 그러한 결정을 하고 실행에 옮기는 국제 법정과 국제기구를 더욱 강화하기를 바라고 있다. 반면 미국의 설명을 지지하는 쪽은 종국에 가서는 미국의 결정이 옳았다고 판명날 것으로 믿고 있다.(218쪽 자료, '미국의 지식인들이 전쟁을 합리화하다' 참조)

행위의 결과론 | 테러의 도덕적 의미에 대해 생각하는 많은 사람들은 특정 테러 행위나 반테러 수단이 옳고 그른지에 대해서는 관심을 별로 두지 않는다. 그들이 관심을 두는 것은 무엇을 이루었는지, 어떠한 이익이 있는지일 뿐이다. 오직 결과에 따라 판단하는 것이다. 탐욕적인 독재자를 무너뜨리는 것처럼 가치 있는 목표 아래 자행한 테러를 고려해 보라. 혹은 사악하면서 영리한 정치 분파를 분쇄하기 위해 국가 테러를 쓰는 경우를 고려해 보라. 목적이 수단을 가치 있게 할 수 있는 것일까? 사람들이 죽고 공포의 시간이 있겠지만 그것이 다수를 위해 더 안전하고 자유로운 결과를 가져다주는 것은 아니겠는가? 이는 꽤 괜찮은 도덕적 거래가 아닐까?

우리가 미래에 대해 알 수 없다는 것은 분명하다. 그래서 이러

노엄 촘스키—테러와 정당한 대응

다른 사람들에게만 엄격한 기준을 적용하고, 정작 자기 자신에게는 더 엄격해야 할 최소한의 도덕적 수준에도 이르지 못한 사람들이 스스로, 자기 행동이 적절했는지 어떤지 옳고 그른지, 선하고 악한지 이야기하면, 간단히 말해서, 그 말을 심각하게 들을 수 없다.

국제법과 조약의 의무를 존중하는 사람들 사이에서 극단적이지 않고 논란의 여지도 없는 어떤 경우를 보자.

미국이 무방비 상태의 민간인까지 목표물로 삼는 국제 테러 범죄를 확장하게 됐다. 전 세계 모든 나라에게 국제법을 준수하도록 요구한 안전보장이사회의 결의에 미국이 거부권을 행사하고, 단독으로 (혹은 한두 나라와 함께) 유엔 총회에서 유사한 결의안에 반대표를 던지면서, 국제사법재판소가 미국에게 니카라과에 대한 '무력의 불법 사용'을 끝내고 실질적인 배상을 하라는 명령을 내릴 때 그것을 거부하고 워싱턴이 니카라과에 폭격을 감행한다면 그 행동은 누구도 지지하지 않을 것이다. 미국은 다른 나라들이 자기 의견에 동의하지 않는다는 것을 이유 삼아 국제사법재판소를 해산해 버렸다. 그래서 우리는 '특별한 경우' 국제사법재판소가 우리에게 사법권을 행사할 수 있는지 여부와 본질적으로 미국의 사법권 관할 아래 있는 사안이 무엇인지 결정할 수 있는 힘을 보유해야 한다. 여기에서 '특별한 경우'란 니카라과에 대한 미국의 테러 공격을 말하는 것이다. (…)

공식적으로, 학문적으로 국제 테러에 관해 정의를 내린 더 명확한 예는 있을 수 없다. (…)

미국과 영국의 아프가니스탄 폭격을 정당화하기 위해 제시된 몇몇 법적 주장을 생각해 보자. 나는 여기에서는 그 폭격이 얼마나 옳고 그른지에 대해서는 말하고 싶지 않다. 다만 만약 일정한 기준의 원칙이 유지된다면 그 의미에 대해서 말하고자 한다. 국제법 교수 크리스토퍼 그린우드Christopher Greenwood는 미국은 "사람을 죽이고 파괴하는 것을 일으키거나 그러한 위협을 행사하는 자"에 대해서는 '자기 방어'를 할 권리를 가지고 있으며, 니카라과의 경우는 국제사법재판소에 제소할 수도 있다고 주장한다. 그린우드 교수가 인용한 구절은 미국에 있어서 탈레반이나 알-카에다보다는 니카라과에 대한 전쟁에 더 분명하게 적용된다. 만약 미국이 아프가니스탄에 대해 공중과 지상에서 집중 폭격을 감행한 것을 정당화한 것이 받아들여진다면 니카라과는 미국에 대해 그보다 훨씬 잔인하게 미국을 폭격할 수 있는 권한을 갖게 되는 것이다. (…)

이는 테러리스트의 끔찍한 행위에 대한 대응 방법으로 만든 의미심장한 제안에 대해서도 동일하게 적용된다. 군사 사학자인 마이클 하워드Michael Howard는 제안하기를 "범죄 음모에 대한 경찰 작전은 미국의 후원 아래 수행되는데 (…) 그 범죄자들은 반드시 추적하여 국제재판소 앞에 불려 나와야 하고, 정당한 판결을 받아야 한다. 그리고 만약 혐의 사실이 인정되면 그에 합당한 죄를 언도 받아야 할 것"이라고 했다. 이러한 제안이 보편적으로 적용되어야 한다는 사실을 생각하기 힘들지만, 충분히 합리적인 것은 사실이다.

▶출처─2002년 7월 2일 Znet.

한 결과론적인 도덕 합리화는 앞을 내다보는 차원에서가 아니라 지나간 일을 통해 바라보는 방식으로 작동한다. 사회학자 배링턴 무어Barrington Moore는 공포정치를 포함한 프랑스혁명 전체에서 발생한 죽음과 고통이 수백만 명의 사람들을 고통과 좌절, 죽음으로 밀어 넣는 불평등과 착취의 사회 제도를 깨부수는 은혜로운 결과를 가져다주었다고 주장하였다. 무어는 긴 시간의 역사적 관점에서 보면 이것은 괜찮은 거래라고 주장하였다.[3] 그렇지만 그러한 판단은 역사적으로라도 올바로 내리기가 힘들다. 사건이나 행동을 결과 이전에 판단하는 것은 여전히 매우 교활하다. 불확실한 예언을 토대로 한 판단이 옳은지 그른지 분명하게 평가하는 것은 어렵다. 그렇지만 정치 지도자들은 어느 때고 그러한 판단을 내려야만 한다.

정치 지도자는 많은 정치적 문제에 대해 결과론에 의거한 도덕적 논리에 강하게 이끌린다. 강을 막아 댐을 쌓는 것은 어떤 사람들에게는 큰 손실을 끼치고 그들의 삶을 송두리째 파괴하기도 하지만 다른 사람들을 크게 도울 수도 있다. 정치인은 이익과 비용의 조화를 가치 있게 평가해야 한다. 물론 그 과정에서 영향력 있는 권력자에게 특별한 비중을 주거나 자신의 경력 쌓기에 더 큰 무게를 싣는 것은 두말 할 필요가 없다. 이와 동일한 논리는 폭력 행사에도 동일하게 적용된다. 전쟁을 기획하는 자들은 적군에게 효율적이고 효과적으로 살상을 입히고자 한다. 민간인에 대한 폭력도 이익과 비용을 고려할 수 있다. 드레스덴 폭격은 불 폭풍을 초래하고 수만 명의 민간인을 살상했다. 그렇지만 그 폭격은 독

일 수뇌부를 부도덕한 집단으로 만들고,
전쟁을 빨리 종식시켰으며, 연합군이나
독일인 모두의 생명을 구했다고도 말할
수 있다. 이스라엘 텔아비브에서 터진
자살 테러는 이스라엘 민간인 수십 명을
살해하고 요르단 강 서안 난민촌에 대한

● **드레스덴 폭격**―독일의 공
업 도시 드레스덴Dresden은
제2차 세계대전 당시 연합군
의 집중 폭격으로 거의 재가
되다시피 했다. 옮긴이

이스라엘의 공격을 유발시켜 많은 팔레스타인 사람들을 살해했
다. 그렇지만 이로 인해 더 많은 자살 폭탄 테러 지원자를 모으고
온건주의자의 입지를 약화시키면서 팔레스타인 급진주의의 입지
를 강화시켰으며 나아가 결국 이스라엘의 팔레스타인에 대한 현
재 상황을 이끌어 내는 원인으로 작용할 수 있다고 판단할 수도
있다. 이러한 민간인 살해의 결과를 논리화하는 길이 결국 테러
행위를 합리화하는 방법이 된다.

　결과론적 논리는 테러 반대에 대해서도 효과적으로 사용된다.
사악한 정권을 약화시키고 민주 국가의 힘을 키워 줄 수 있는 테
러나 국가 테러에 대해서조차 필요한 자원을 낭비하게 하고 그
반대자에게는 더 많은 적을 만들게 하는 길이라고 주장할 수 있
다. 이러한 주장은 팔레스타인의 자살 폭탄 테러를 비판하는 이
들이나 테러와의 전쟁을 비판하는 사람들에 의해 제기된다.

　테러 논쟁에 대한 결과론적 해석은 국가권력을 신장시키는 것
에 관한 도덕적 중요성으로 관심을 돌리기도 한다. 마키아벨리에
의하면, 조치를 취하지 않으면 반대파나 적이 국가를 약화시킬지
도 모르기 때문에 국가권력을 더욱 키워야 하고, 적에 대해서는

폭력을 취해도 된다. 마키아벨리에게는 국가권력 그 자체가 어떠한 목적보다 더 크다. 국가는 홀로 시민 질서를 만들고 실제적으로 가능한 사회 도덕을 만든다.

주어진 국가의 권력을 지지하는 사람들은 보통 마키아벨리의 논리를 따르기도 한다. 국가가 결국에 가져와야 할 이익을 달성하기 위해서는 유감스럽지만 국가 테러가 필요하다는 논리로 테러를 지지한다. 하지만 국가권력을 키우는 데 반대하는 사람들은 국가를 공격하는 집단이 일으키는 테러에 대해 덜 비판적이다. 그것은 테러로 인해 사람들이 겪는 손해가 국가가 개입하여 생기는 피해보다는 훨씬 작기 때문이다.

테러 원인에 대한 세 가지 이론

테러에 관한 논쟁은 도덕적 관점뿐만 아니라 역사적 사상에 의해서도 영향을 받는다. 테러를 설명하는 개념은 우리가 살고 있는 이 시대 역사의 주요 주제 가운데 하나의 관점과 관련을 맺는 것으로 드러난다. 여기에는 크게 세 가지의 주요 주제가 있다. 그 주제에 익숙해지면 테러에 대한 전쟁을 둘러싸고 있는 논평과 논쟁 사이에서 길을 찾기가 수월해진다. 각각은 그 나름대로의 방법론에서 볼 때, 너무 개괄적인데다가 어떤 구체적인 테러 행위와의 연계성이 너무 약해서 테러를 완벽하게 설명하기는 어렵다. 할 수 있는 것은 테러가 발생할 수 있는 원인에 대한 부분적인 통찰력을 제공해 줄 수 있는 정도다. 그렇지만 이 세 가지 주요 개념은 또 다른 차원에서 중요한 의미를 갖는다. 비록 약점을 가지고 있지만, 테러 행위를 기획하는 자와 반테러 정책을 입안하는 자의 사고를 살펴볼 수 있게 해 준다는 데 의미가 있다.

실패한 근대화 | 가장 자주 언급된 주요 개념은 실패한 근대화 개념이다. 이 개념의 핵심은 어떤 특정 사회는 경제적이고 과학을 기반으로 한 민주적인 사회의 물질 성장에 대한 밝은 전망을 성취할 수 없었다는 것이다. 여기에서 파생되어 변형된 두 종류의 개념은 이와는 아주 다른 해석을 내놓고 있다.

그 가운데 신보수적 변종은 근대화에 대한 기회는 어떤 사회에나 있었다고 주장한다. 타이완, 한국, 싱가포르가 좋은 예인데, 이 나라들은 이십여 년 만에 생산력 높은, 비교적 고임금의 시장 사회로 전환되었다. 이렇게 하지 못한 나라들은 최신 기술로 서양에 필적할 기회를 활용하지 못한 통치자와 국민들 책임이라는 것이다. 끊이지 않는 부패, 잘못된 이념, 오래된 갈등이나 재난 등으로 사회가 세계화의 정상 궤도에서 이탈했다는 주장이다. 또 다른 몇몇 나라는 실패와 좌절의 깊은 나락으로 빠져들어 최소한의 정부 기능마저 작동하기 어려운 상태다. 빈곤과 정치 불안으로 좌절은 계속 커지고, 변화와 폭력, 테러까지 부르게 된다. 도시에서는 무정부주의가, 농촌에서는 봉건주의가 발생하고 테러리스트가 채비를 갖추고, 숨고, 집결할 수 있게 된다.

신보수주의자들은 선진국 가운데 가장 부유하거나 가장 강력한 정치적·군사적 힘을 가지고 있는 나라조차 실패한 근대화를 돌이키거나 해결할 수는 없다고 믿고 있다. 가장 좋은 대응은 스스로 방어하는 것이다. 즉 위험이 도사리고 있는 곳은 자세히 감찰하고 테러리스트가 출현하면 그 뒤를 추적해야 한다. 모든 나라의 정부는 이 위험인물들을 강력히 분쇄해야 하는 의무를 가지고 있는데, 테러리스트들이 집결하는 나라의 정부 또한 마찬가지다.

실패한 근대화론의 좌파 변종은 근대화로 인해 부유해진 나라는 가난한 나라의 희생 위에서 이익을 취했다는 모델 자체에 약점이 있음을 지적한다. 이 이론은 많은 나라의 현실에 간단하게 꼭 들어맞는 것은 아니다. 아프리카와 서아시아의 많은 나라들이 이에 해당하는데 테러리스트를 키우고 숨게 하는 불평등, 불안, 빈곤 등은 치유가 가능하다. 이를 위해서 부유하고 강한 나라가 근대화의 모델을 개혁해야 하고, 긴급 구호를 필요로 하는 나라나 지역에 물질적 혜택을 가져다줄 수 있도록 투자하고 노력을 기울여야 한다. 이런 조처가 분노와 좌절을 줄여 테러가 줄어들게 한다는 것이다. 그렇지만 현존하는 테러 조직을 근절할 방법 역시 여전히 필요할 것이다.

실패한 근대화론은 그 지지자들에게는 안된 말이지만, 여러 테러 사건 뒤에 있는 특정 원인을 찾는 데는 실패했다. 일본이나 독일처럼 근대화의 전형이라 할 수 있는 나라에서 옴진리교나 적군파 같은 테러 조직이 일어난 것은 어떻게 생각해야 하는가? 스리랑카가 최근 들어 분리주의 테러 때문에 심한 고통을 받는 것은 무엇 때문인가? 말레이시아의 경우는 또 어떤가? 경제 위기가 훨씬 심각한 카리브 해 연안의 나라들이 그보다는 상황이 더 나은 중앙아메리카 나라들보다 집단 테러나 국가 테러로 인해 받는 피해가 더 적은 이유는 무엇인가? 근대화가 심각한 문제에 빠져 있다는 데는 의심할 여지가 없다. 그렇지만 테러를 설명하는 이론으로는 너무 넓고 애매하다. 이해에 방해가 될 뿐이다.

문명의 충돌 | 테러 발생 원인을 보는 두 번째 방식은 '문명의 충돌'이다. 사무엘 헌팅턴Samuel Huntington이 쓴 그 유명한 논문(1993)과 책(1996)의 제목에서 따온 구절이다. 사무엘 헌팅턴에 따르면, 공산주의 붕괴는 세계의 주요 갈등 전선을 문화로 이동시켰다. 이 주장을 지지하는 사람들은 중세 유럽에 무슬림이 스페인까지 지배력을 확장하고 프랑스까지 들어갈 시도를 한 사실이나 기독교 십자군이 무슬림 통치자로부터 예루살렘을 빼앗아 가려 시도한 사실에서 근거를 찾는다. 그렇지만 사실 그들의 주된 관심사는 앞으로의 미래에 있다. 헌팅턴은 "위험천만한 미래의 충돌은 서구의 거만함, 이슬람의 편협함, 중국의 독단에서 일어날 것 같다."고 말했다. 이 이론은 명백히 친서구 입장에서 만들어진 것이고, 정책 입안 차원에서 고안된 것이다. 그 안에 담긴 뜻은 서양인이 이슬람 정치 세력과 아시아 정치 세력과의 갈등을 염두에 두고 있어야 한다는 것이다. 아무리 근대화를 해도 '그들'을 '우리'와 같이 만들지는 못할 것이고, 우리가 보편적인 것으로 간주하여 지키고자 하는 가치는 결코 그 주된 차이를 끝장내지 못할 것이라는 얘기다.[4]

불행하게도 문명의 충돌을 체계화된 개념으로 수용하면 테러를 일으키는 다양한 실제적 기반에 대한 깊은 통찰이 흐려진다. 물론 문화적 차이는 갈등의 중요한 원천이다. 그렇지만 석유, 물, 토지 같은 자원을 둘러싼 경쟁 또한 갈등의 원천이 된다. 게다가 시민은 자신이 어떤 문화를 가졌든지 간에, 자신이 향유해야 할 기초 권리를 부인하고 자신을 괴롭히는 이기적이면서 부패한 권력에 대한 강력한 반대를 표출할 수 있다. 헌팅턴이 이름 지은 전 지구 내의 서로 다른 여러 정체성, 특히 민족주의에 채색된 것들은 여전히 설득력 있는 주장인 것이 사실이다. 한 나라 안에서, 나라와 나라 사이에서 수입의 차이가 갈수록 벌어지는 것은 사회 운동에서 좌와 우의 이데올로기가 다시 살아나게 한다. 최근의 테러에는 문명의 충돌과는 아무런 관련이 없는 것이 많다. 유럽

• 센데로 루미노소 — 1980년대에 활동한 페루의 좌파 게릴라 집단을 일컫는다. 말뜻은 '빛나는 길Sendero Luminoso'이다. 옮긴이

적색 집단의 좌익 주장, 스페인의 바스크족, 터키의 쿠르드 족, 스리랑카의 타밀족처럼 같은 문화권 안에서 민족주의를 소리 높여 외치는 것이나, 페루의 센데로 루미노소의 농촌 혁명, 미국에서의 반낙태 운동 무장 집단에 의한 태아 보호 등

이 좋은 예다. 문화적 차이가 정치 갈등을 키우는 것이 사실이기는 하지만 테러를 '문명의 충돌'이라는 렌즈만으로 보는 것은 위험하고 맹목적인 단순화일 뿐이다.

일차 테러와 이차 테러 | 에드워드 허먼Edward Herman과 게리 오설리번Gerry O'Sullivan이 지은 『테러 산업The 'Terrorism' Industry』에

서 시종일관 제기하고 있는 세 번째 시각은 국가 테러에만 초점을 맞추고 있고, 집단 테러의 위험성과 중요성은 무시하고 있다.[5] 이 관점은 테러의 문제를 더 큰 역사적 역동성에서 찾는다. 서구 식민주의 팽창과 그 이후 계속된 정치적·경제적 지배라는 '일차 테러'가 그로 인해 주어진 불공평과 고통에 대한 절망적인 응전인 '이차 테러'를 유발했다는 것이다. 이 분석이 이차 테러를 양해해 주거나 용서해 주지는 않지만 그에 대한 역사적 책임은 주저하지 않고 일차 테러를 일으킨 서구 세력의 손에 돌리고 있다. 테러 활동을 촉발시키는 역사적 원인의 힘은 서구의 팽창과 전 지구적 정치 경제 지배권을 장악하려는 서구의 의도에 있다. 이 시각은 남반구 대중 운동이 제기하는 주장과 비슷한데, 식민 지배의 종식을 가지고 온 정치 환경은 공평하지 못하고, 때때로 정치 경제에서 탈식민 정부는 서구의 이익을 위한 수단일 뿐이라는 것이 그것이다. 이 주장의 핵심은 불공평한 것을 제거하고 서구 산업 세력에 의해 자행된 지배 관계를 청산하는 것이 테러를 사라지게 할 것이라는 데 있다.

이 시각은 근대 역사의 큰 조류 가운데 하나이면서도 테러를 연구하는 학자들에게는 상당히 무시당해 온 한 관점을 토대로 하고 있다. 즉 서구가 식민지 세력 팽창을 위해 근본적이면서 급진적인 폭력을 사용했고 식민 이후 시기에는 지배력 유지를 위해 폭력을 계속 사용했다는 관점이다. 이 시각은 몇몇 경우에 꼭 들어맞는 근거를 제공한다. 주로 콘트라 반군 테러를 지원하기 위하여 미국이 니카라과의 항구를 파괴하는 것처럼 미국의 테러 개입이 이에 해당할 수 있다. 그렇지만 제2차 세계대전 이후의 테러 집단과 테러 행위 가운데 이 이론에 잘 맞아떨어지는 것을 찾기는 어렵다. 이 이론은 스페인의 '바스크조국과자유'에서부터 독일의 적군파까지 유럽 내에서 일어난 테러에 대한 설명으로는 속수무책이다. 그렇지만 라틴아메리카, 아시아, 아프리카에서의 테러 원인에 대해서는 분명히 이 시각이 적절하다. 이 이론은 브라질, 칠레, 그리고 아르헨티나에서의 국가 테러와 동티모르에서의 인도네시아 정부군의 테러는 미국의 책임이라고 설명한다. 그렇다면 해당 나라의 정부는 그들 스스로의 행동에는 책임이 없다는 것이 되는가?

미국이 국가 테러를 반대하는 일에 실패한 곳에서, 자금과 훈련을 제공하고 보안 장치를 지원한 곳에서조차, '고객client' 정부가 도덕적 자율을 주장할 수 있는 여지는 남아 있다. 하지만 미얀마, 짐바브웨같이 전혀 단순 고객이지만은 않은 경우에도 정부가 국가 테러에 개입할 가능성이 크다. 과거 식민지였거나 종속국이었던 대부분의 나라들은 식민 경험에서 독재 정부와 극심한 정치 경제의 어려움을 유산으로 받았지만 테러 정권은 그 가운데 일부에서만 두드러지게 나타난다. 그러니 집단 테러라는 것이 자동적으로 식민 폭력과 불법에 연결된다고만 할 수는 없다. 따라서 일차 테러와 이차 테러의 개념은 테러에 대한 일반적 설명으로는 부족한 점이 있다. 이론에 너무 경도되면 이 이론이 설명할 수 없는 많은 경우를 이해하는 데 방해만 받게 된다.

서구 행동과 테러리스트 대응에 대한 이 이론보다 조금만 덜

포괄적이면, 특정한 사례에서는 훨씬 설득력이 있다. 테러 전문가들이 별로 신경 쓰지 않았던, 국가 테러의 기원에 관해서는 상당한 통찰력을 제공해 주는 것이다. 이 이론은 제3장에서 설명한 '블로우백'이라는 이름을 가지고 있는데, 테러에 개입하여 의도하지 않은 결과를 가져오는 것을 가리킬 때 미 중앙정보부가 사용하는 용어에서 따온 것이다. 미국은 이라크의 사담 후세인 정부를 이란에 대한 더 강력한 균형추로 만들기 위해 지원을 아끼지 않았지만, 후세인 대통령은 그 힘을 이라크의 쿠르드 족 주민 학살과 쿠웨이트 침공으로 돌렸다. 또 미국은 아프가니스탄에서 소련 점령을 제어할 수 있는 반대 세력으로 탈레반을 지원했다. 파키스탄의 정보 기구를 통해서, 그리고 그보다 더 직접적인 방법을 통해서 지원받은 탈레반은 환상적으로 과업을 달성했으나 그 성공의 결과를 알-카에다와 다른 이슬람 테러리스트 조직 지원으로 방향을 틀었다. 이러한 경우 '블로우백'은 미국의 이익에 반하는 쪽의 테러가 증가하는 결과를 낳았다.[6]

테러에 대한 역사적 · 도덕적 논쟁

위에서 언급한 세 가지 관점은 모두 테러 사건들을 실제보다 더 큰 역사의 바탕 위에서 바라보고 있다. 세 관점은 현존하는 편견에 호소하고 있는데다가, 오늘날의 테러를 익숙하고 편한 공식에 맞추어 이해하도록 도와주고 있다. 역사적 해석과 도덕적 · 정치적 해석이 결합된 폭넓은 정책적 견해를 뒷받침하는 세계관을 강화한다. 그 일반 형태 안에서 이 셋은 테러를 이해하는 데 제한된 도움을 줄 뿐이다.

실패한 근대화론의 신보수적 사고는 능력이 없는 나라에는 서구 정책이 아무런 도움이 되지 않는다고 제시하고 있다. 조지 부시는 2000년 선거 운동에서 그러한 입장을 자신의 정책에 반영했다. 부시는 아프리카 원조에 대한 질문에 대해 다음과 같이 대답했다.

"나는 국가를 건설하는 과제가 가치 있는 일은 아니라고 생각한다." [7]

무능력한 나라들이 테러의 온상이 될 때 취해야 할 주요 행동은 군사적 행동이거나 반대해야 할 테러를 따라하게 되는 대항 테러리즘이 될 것이다. 여기서 폭넓은 역사 이론이 정책 사고를 다시 한정짓게 된다.

실패한 근대화론의 핵심 개념은 또 하나의 깊고 큰 문제를 야기하는 이슈를 제기한다. 근대화 그 자체가 겉으로 볼 때 성공한 경우일지라도, 불만을 키워 테러로 전환시키는 것이 보통의 일인가? 서구와 일본의 많은 테러리스트는 상대적인 특권 세력이면서도 근대화와 연관지어 생각하는 불평등과 불의에 감정이 상한 것인가? 선진국 테러리스트들은 산업 자본주의 문화에 도덕적 의미가 부족한 것에 분개한 것처럼 보인다. 그들이 시장경제의 정치 너머에서 무엇인가를 찾으려 하기 때문에 테러로 가는 길로 빠질 수 있는 것이다. 자기만족을 잘 하는 시장 엘리트들의 온건한 힘은 항상 이상을 찾는 젊은이들을 자극하기 마련이고 결국 그 가운데 일부는 정치적 요구로 빠지게 된다. 젊은이들의 정치적 요구는 사회가 제안하는 그 어떤 것보다 더 자극적이고 도덕적인 것이기가 쉽다.

문명의 충돌이라는 개념 위에 서 있는 정책이나 웅변은 결국 그러한 충돌을 야기할 경향이 있다. 그 이론은 자기 충족적 성격이 강하기 때문이다. 부시가 테러에 대한 십자군 전쟁을 선포하였을 때 무슬림 세계의 분노에 찬 대응은 '기독교 서구 대 이슬람'이라는 상징이 갖는 위험성을 확인시켜 주었다. 미국의 지도자들은 그 표어를 다시는 반복하지 않으면서 이슬람은 그 어떤 경우에도 목표물이나 적이 아니라고 부인했다. 그렇지만 그 표어는 테러와의 전쟁과 미국이 서아시아에 대해 취하는 행동의 유형을 설명하는 데 여전히 자리하고 있다.

도덕적 사고는 정책 선택의 폭을 좁힐 수도 있고, 도덕적 언사는 외교적 노력을 방해할 수도 있다. 사람들은 자기 국가나 종교가 악으로 취급받을 때 행동으로 나선다. 게다가 어떤 나라가 보편적인 인권에 대해 혼자서 정의를 내리고, 분석하고 나아가 지키겠다고 나서면 그 나라에 등을 돌리게 된다. 결과론자의 도덕적 논리가 유용한 점은 그렇게 생각하는 사람들이 도덕적인 등급 매김을 넘어 사회적인 역학 관계와 특별한 행위의 최종 결과를 고려하게 만드는 데 있다. 실제 결과를 고려해야 한다면 특정한 도덕 공동체를 수호하거나 등급에 따른 도덕법을 주장하고자 하는 사람에게는 상당히 큰 문제가 될 수 있다.

테러 공격 때문에 침해를 당하고 고통을 당한 사람들은 뭔가 부당한 대우를 받은 사람처럼 대응한다. 그들은 자신들이 가지고 있는 공격 감정을 다른 사람들이 이해해 주고, 인정해 주고, 지지해 주기를 바란다. 그들이 겪은 슬픔 때문에 테러의 동기, 공격을 유발시킨 맥락을 이해하는 데 우선적인 관심을 두지는 않는다. 심지어는 그러한 것에 대해 질문하는 것조차 많은 사람들의 고통을 침해하는 것이 된다. 9·11 테러 이후 미국이 취한 대응이 효과적인지의 여부를 따지는 사람들은 미국을 증오하는 사람이거나 반역자로 몰렸다. 설령 그 공격이 악마적 범죄로 저주받을 짓임을 안다 할지라도 그렇다. 그러한 일에 즉각 끼지 않은 사람들은 더 쉽게 그 가공할 사건의 원인과 맥락에 귀를 기울이는 쪽으로 방향을 선회할 수 있다. 9·11 이후 유럽의 평론가는 이런 자세를 취함으로써 많은 미국인에게 괴로움을 주었다.(219쪽, '보통의 미국인' 참조)

서로 다른 형태의 논법들이 테러 공격의 '근본 이유'를 둘러싼 이상한 격론을 낳았다. 일차원적으로 미국이나 서구 도덕 공동체를 수호하고자 하는 사람들에게는 이런 방식으로 생각하는 것조차 악을 위한 구실을 찾는 것처럼 보였다.

'테러와의 전쟁'을 집행하는 미국의 지도자들은 자신들이 테러리스트라고 딱지를 붙인 세력에 대해 '악'의 등급을 매길 것을 주장하였는데, 자기편에서 하는 행동에 대해서 결과론적 논리를 적용하였다. 따라서 미국의 아프가니스탄 폭격을 옹호하는 사람은 많은 민간인이 죽었다는 사실은 인정한다. 하지만 그 군사 행동이 갖는 긍정적 결과에 주목한다. 덕분에 소녀들이 학교에 다니고, 아이들이 예방주사를 맞고, 배고픈 사람들에게 음식이 배급된다는 사실이 바로 그것이다. 게다가 그들은 민간인의 피해를 최소화하기 위해 최대한 노력했다고 주장한다. 그들은 균형을 맞추면서 주장하기를 더 많은 아프가니스탄 사람들이 살아 있고 폭격이 없었을 때보다 더 자유롭고 좋은 환경에서 살고 있다고 한다.

이러한 주장을 두고 논쟁을 벌이면 더 명쾌해질 수 있다. 폭격의 도덕성에 대해 비판하는 사람들은 민간인 사망자 수가 미국의 공식 집계보다 훨씬 많으며 불발탄과 지뢰는 아직도 치명적으로 위험하다고 주장한다. 나아가 새 정부는 안정되지 않고 테러리스트 군벌들이 계속해서 테러를 저지를 수 있도록 권력을 유지시켜 주고 있다고 주장한다. 여성이 얻은 자유라고 하는 것도 사실보다 과장된 것이라고 믿고 있다. 일상적 무법과 불안 상태가 극적으로 증가하고 있다는 사실도 지적한다. 양귀비 재배와 헤로인 수출이 재개되어 중앙아시아와 그 너머의 테러 집단의 주머니를 채워 주고 있다. 그러한 논쟁은 더 조사해 볼 필요가 있다. 아프가니스탄에서의 군사 전략을 어떻게 평가하고 미래에 어떤 행동이 가능할 것인지를 판단해야 한다.

그런데 논쟁은 이러한 방식으로 진행되지 않았다. 양쪽 모두 자기 쪽에서 저지른 민간인에 대한 폭력에 대해 결과론적 논리를 동원해 변명하는 경향이 있다. 그러면서 한편으로는 자기가 저지른 민간인 폭력에 대해서는 보편적 인권이나 도덕 공동체에 대한 침해 이론을 들어 변명한다.

부정적 결과를 최소화할 좋은 정책 선택의 관점에서 볼 때, 원인과 맥락을 검토하는 것은 실용적이면서도 강력하다. 만약 테러가 분석 가능한 사회적 산물이라면 테러의 세계를 없애거나 그 발병률이라도 줄이기 위해서는 그 원인과 맥락에 접근하는 것이 의미 있는 일이다. 몇몇 지도자와 평론가는 범인들을 죽이거나 엄벌에 처하기 위해 감정에 기댈 것이다. 그렇지만 더 사려 깊은 대응책을 찾는 사람은 다른 방식으로 느끼기도 하고 생각할 것이다. 그들은 행동에 들어가기 전에 보복 행위가 가지고 올 모든 결과의 무게를 신중히 달아 볼 것이다.

미국에서 9·11 이후의 여러 날은 이를 이해할 수 있는 아주 효과적인 예다. 원인과 맥락을 찾는 일은 적어도 대중적으로는 조롱당했다. 즉각적 반응이 대부분의 지도자와 평론가의 입에 올랐다. 그들은 알-카에다, 오사마 빈 라덴, 탈레반은 악의 길을 택했기 때문에 반드시 제거되어야 한다고 했다. 미국 편에 서서 싸우면서 적과의 '거래'라는 오래된 관행을 따르는 아프가니스탄 군벌들은 도덕적 불량품으로 비춰졌다.

그렇지만 더 깊은 결과론적 접근은 왜 적이 테러를 저질렀는지, 어떻게 그 길을 포기하도록 유도할 수 있을까 하는 질문을 제기하도록 만들어 준다. 이런 생각은 분석가들로 하여금 단순한 도덕적 탄원으로 시작하는 것이 아닌 여러 가지 이해를 시도해 봐야 한다는 부담을 준다. 이것은 역사, 조직, 리더십, 사회적 역동성에 대해서도 의문을 제기할 수 있다. 이러한 질문은 테러를 이해해야 할 사회현상으로 다루면서, 단순히 저주만 퍼붓는 단계를 넘어서자고 인도한다.

　이 일은 '테러 전문가'라고 하는 한 작은 집단의 구성원인 군사 전략가, 정책 분석가, 사회과학자가 다루어야 할 영역이다. 그들은 각자 자기가 속한 직책과 기관에서 모여 수합한 정보를 분석하고 의미를 부여한다. 그리고 나서 다음 장에서 보여 주는 바와 같이 몇 가지 꽤 흥미로운 생각을 발전시킨다.

5 전쟁과 정치 사이

TERRORISM

테러리즘에 대항하는 국가의 자세는 어떠해야 하
는가?
반테러법안을 작동시키고 있는 나라들이 테러 단
체를 지원하고 있는 현실은 어떻게 이해해야 할 것
인가?

전쟁과 정치 사이

테러와의 전쟁은 테러의 정치적 측면을 무시하고 정치를 전쟁으로 대체시켜 버린다. 정부는 대중적 정치 행위의 기를 꺾어 버리고 정치 논쟁의 범위를 축소시킨다. 더 나은 대응은 테러를 범죄로 보고 강력하게 싸우는 것이다. 그렇지만 생산적인 정치적 관심을 요구하는, 물질이고 문화적인 쟁점 위에서라면 민주적 행동도 키워 나갈 수 있을 것이다.

대부분의 세계는 수십 년 전부터 선진국과 후진국 사이에 근본적인 불균형이 존재해 오고 있다는 사실을 목격하고 있다. 그렇지만 소련이 몰락하고 러시아의 군사적 능력이 약화되면서 미국의 정책 입안자들은 이와는 다른 새로운 종류의 불균형이 생기고 있음을 보고 있다. 유일한 초강대국의 군사력에 도전하는 나라는 한 군데도 없다. 연계성을 잘 파악하는 분석가들도 미국의 방위 태도가 갖는 불균형이 어떤 의미를 갖는지 파악하지 못하고 있다. 분석가들은 방위 체계의 모든 부문에 의문을 제기한다. 여기에는 훈련, 탱크와 같은 장비, 일에 따른 구획, 작전 단위의 크기와 유형, 의사소통 체계 등이 속한다. 그들은 변화된 전쟁의 기술을 다스리는 새로운 이념을 제안하고, 어떻게 싸울 것인지를 가장 중요하게 논쟁하고 있다. 그들은 이를 두고 '불균형의 전쟁', '제4세대 전쟁'이라고 명명하고 있다.

이 교범은 새로운 적에 주의를 환기시킬 것을 요구하고 있는데, 그 새로운 적이란 전통적인 군사 무기나 전략 없이 국가 구조에서 격리되어 있다. 그 적은 다름 아닌 테러다. 모든 거대 산업 권력은 군사 장치를 가지고 있고 그 어떤 테러 집단보다 압도적으로 큰 권력을 가지고 있다. 테러가 그들의 우월한 군사력을 위협할 수는 없다. 강대국에게 테러의 위험성은 경제와 정치의 분열에 관한 것이다. 강대국에는 선진 경제와 통신이 복합적으로 통합되어 있기 때문에 에너지 공급, 금융 네트워크, 정보 시스템, 밀집된 인구, 국가 자존심의 상징 같은 핵심 요소를 공격하면 쉽게 타격을 받는다. 분열이 군사적 패배를 의미하는 것은 아니지만 경제를 흔들고 정부 위신을 손상시키며 전 세계에 경제 · 문화적 영향력을 확장시킬 능력을 침해한다.

강대국 정부는 테러의 위험에 관해 여러 가지로 대처하고 있다. 문제는 그들이 무엇을 할 수 있는가다. 불균형 전쟁에 대한 전문가는 강대국 정부가 군사력에 관해 어떤 자세를 취하는가에 답이 있다고 생각하지만 그 논리를 자세히 살펴보면 또 다른 대안을 찾을 수도 있을 것이다.

그들의 분석은 세계의 사회 · 정치 지도에 대한 군사적 균형을 넘어서는 것처럼 보인다. 그것은 4장에서 토론한 바 있는 '실패한 근대화론'에 기초하고 있다. 그 논리는 다음과 같다.

"극심한 경제 불평등과 가파른 사회 변화, 문화 알력 등이 종교적이고 정치적인 급진적 주장을 하는 운동에 불을 지르고 그 일부가 테러로 나타난다. 그 운동은 취약한 국가의 안정과 통합을 위협하거나 파괴한다."

일부 운동은 철저하게 지역적인 문제를 추구하기도 하는데, 자기 지역에 대한 자치 요구가 그 좋은 예다. '타밀호랑이' 처럼 민족주의적 목표를 가지고 있는 운동은 자신들의 행동을 자기 나라나 지역에 국한시킨다. 다른 경우는 자신들의 투쟁을 초국가적 범주로 확대시키기도 한다. 그 좋은 예로 검은구월단을 들 수 있는데, 그들은 1972년 뮌헨 올림픽 때 동료를 석방하고 팔레스타인 문제를 부각시키기 위해 이스라엘 선수 열한 명을 살해했다. 널리 알려진 알-카에다 같은 국제 집단은 지역 갈등에서 에너지를 얻기도 하지만, 결국 국제적 수준에서 작전을 실행하고 초국가적 목표를 추구한다. 알-카에다의 활동은 선진국의 군사 기획자를 심한 고민에 빠지게 한다. 그들이 원하는 것은 이슬람의 정치적 통일을 담금질해서 만들어 내고, 석유 부유국인 서아시아의 나라들에 대한 정치적 통제권을 다시 일구며 선진 산업 세력, 특히 미국의 힘을 약화시키는 것이다.

●검은구월단－팔레스타인해방기구 가운데 가장 과격한 극좌파 무장 조직을 일컫는다. 영어로는 Black September. 옮긴이

군사 기획자를 초초하게 하는 사회적 불균형은 후진국 도시들에 집중되어 있다. 파키스탄의 카라치와 인도네시아의 자카르타 같은 남반구의 도시들, 파키스탄 북동부 지대나 아르헨티나와 브

라질, 파라과이의 삼각 접경지대처럼 법이 통용되지 않는 지역, 외부에서 자금을 지원 받는 테러 집단에 연관되어 있는 레바논과 소말리아 같은 곳을 들 수 있다. 이러한 곳은 공통적으로 다양한 계층의 청년 실업자가 많고 최소한의 정부 통제도 이루어지지 않는다. 이러한 곳에서 테러 집단을 조직하려는 움직임은 추종자를 충원하고 훈련하는 데 우호적인 환경을 가지게 된다. 무기, 마약, 현금의 은밀한 거래가 이루어지고 테러리스트들이 지역적으로는 물론이고 지구적 차원으로도 활동할 수 있는 길이 열려 있는 것이다.

군사적 관점에서 볼 때, 군사 기획자들은 거대한 산업 민주주의가 갖는 바로 그 힘이 테러리스트가 지구적 차원으로 활동하는 데 오히려 유리하게 작용할 수 있다는 사실에 주목하고 있다. 테러리스트는 정보·운동·통신·교육의 자유 같은 서구 민주주의를 테러 공격에 악용할 수 있다. 모하메드 아타(Mohamed Atta, 9·11 테러 중 세계무역센터에 충돌한 첫 번째 비행기의 납치 테러 주범. 옮긴이)는 9·11 테러 공격을 감행한 테러리스트 팀이 독일 함부르크에서 공격을 기획하면서 통신과 회합의 자유, 여행할 수 있는 자유를 최대한 이용했다. 미국에서는 누구든지 비행에 필요한 기초 기술을 배울 수 있다. 군사 기획자는 시민의 권리가 테러와의 전쟁에 큰 약점으로 작용한다고 평가한다.

전문가는 시장 지향의 산업 선진국의 기술과 정치 조직이 그 나라들을 강대국으로 만든 원천이기도 하지만 동시에 큰 취약점으로 작용하기도 한다고 믿는다. 선진 사회의 원천이 되는 정

테러리스트 공격을
정면으로 받은 민간인과 목표물

일정 기간 중에 일어나는 여러 종류의 목표물 공격이 보여 주는 연도별 변화는, 국가별 분포보다 훨씬 안정적이다. 52쪽에 있는 '이동 폭력'에 관한 그래프와 비교해 보라.

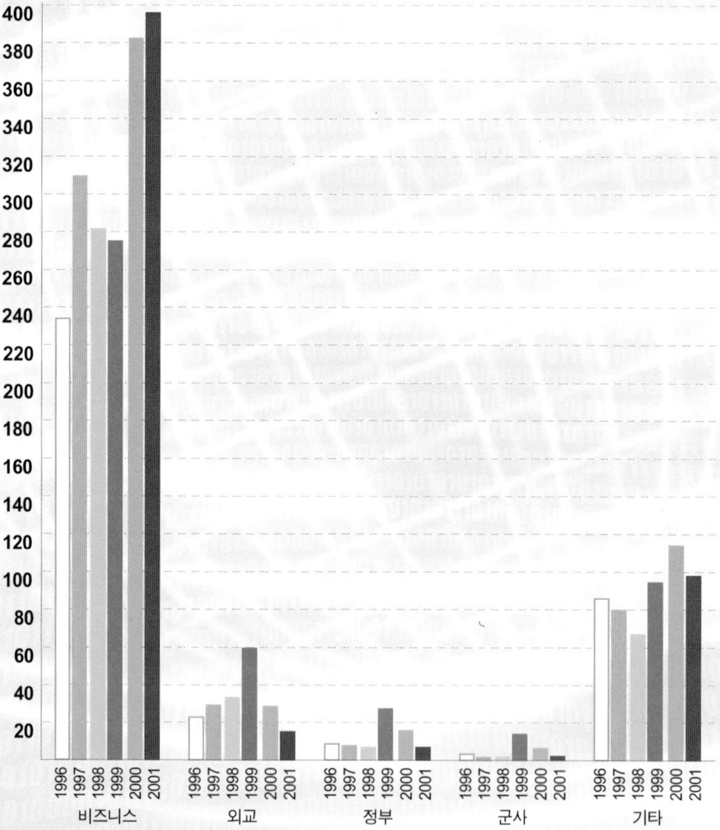

(단위: 연도별 1996, 1997, 1998, 1999, 2000, 2001)

비즈니스 / 외교 / 정부 / 군사 / 기타

▶출처—US Department of State—*Patterns of Global Terrorism, 2001.* Released by the Coordinator for Counterterrorism, May 21, 2002. http://www.state.gov/s/ct/rls/pgtrpt/2001/html/10270pf.htm.

보·통신·금융에 관한 고도의 통합 시스템은 결정적인 공격으로부터 보호하기가 불가능하다. 세계무역센터는 금융 정보가 집중된 곳이고 통신과 거래를 관장하고 있었다. 테러리스트들이 이 시스템에 타격을 입히려 했던 것은 당연하다.

기술 혁신으로 인해 테러 행동의 범위가 넓어지기도 한다. 휴대폰과 인터넷으로 거래 조정도 훨씬 쉬워졌다. 정보의 포착, 저장, 통신, 암호화 그리고 조작이 가능한 컴퓨터 프로그램을 구입할 수도 있다. 가상 비행 실험 프로그램은 노트북 컴퓨터를 비행 기술을 연마할 수 있는 도구로 만들었다. 새로운 종류의 폭발물은 무게에 비해 폭발력이 훨씬 강력하고 다루기도 쉬워서 폭발이 훨씬 쉽다. 테러리스트들은 경험을 통해 학습하면서, 공격하고자 하는 사회의 새로운 취약점을 파악한다. 반테러 분석가에 의하면 테러 행위가 최근 몇 년 동안 훨씬 파괴적으로 변했다. 2001년 9월 이전과 비교해 보면 테러의 수는 줄어들고 있지만 사고당 사망자 수는 늘어 가고 있다.

이론가들이 가장 위험하다고 강조하는 것은 집단 테러리스트들이 강대국의 버팀목인 무기에 손대는 것이다. 도시, 지역 전체를 크게 파괴할 수 있는 핵과 생화학 무기를 손에 넣을 수도 있다는 것이다. 보고서에 따르면 알-카에다 지도자들은 생화학 무기를 장악하려고 시도한 바 있고 핵무기에도 관심을 가진 적이 있다. 폭탄을 가득 실은 비행기를 핵 원자로에 충돌시키는 테러를 생각하기도 했다. 일본에서 옴진리교도들은 도쿄 지하철 한복판에서 사린가스를 살포하는 테러를 자행했다. 다행히 방법이 서툴

러서 독가스가 제대로 널리 퍼지지 않았지만, 그래도 열두 명이나 죽었다. 세계화로 국제 여행, 통신과 기술 정보의 발달, 공학 기술의 확산 등에 쉽게 다가설 수 있게 되면서 핵과 생화학 무기 사용을 강대국에 한정한다는 것은 사실상 불가능하게 되었다.

불균형 전쟁 이론가들은 테러 전략이 고전적 무술 원칙에 의존하고 있다고 믿고 있다. 테러리스트들은 자신이 공격하려고 하는 사회가 가지고 있는 힘을 역이용하는 쪽으로 전술을 잡는다는 것이다. 비행기를 미사일로 바꾸고 화학비료를 폭탄으로 전환하는 것은 테러리스트들이 생산을 파괴로 바꾸는 기술에 관한 두 가지 좋은 예다. 테러리스트들이 전형적으로 좋아하는 무기인 저격용 총이나 특수 제작 폭발물 같은 것은 그들이 공격하려고 하는 바로 그 정부가 개발한 것이다. 테러가 성공하려면 목표물로 삼은 사회의 사회적 에너지 방향을 바꾸어 놓아야 한다. 이는 대공황의 여론을 퍼뜨리고 정부의 행동을 시민에 대한 공격으로 여기게 하면서, 테러를 더욱 부추기는 과도한 행동을 유발시키는 전략에 의해서 가능하다.

군사 분석가들은 미래의 세계가 경제적으로는 양극화되고, 문화적으로는 분열되고, 정치적으로는 통제 불능 지역이 남반구 전역으로 팽창될 거라는 사실을 깨닫고 있다. 테러리스트 집단은 점차 특정 국가의 후원에서 벗어나 자치에 도달할 것이다. 테러 집단은 복잡하게 얽힌 초국가 조직을 지역 자치 세포와 연계시킬 것이다. 그들이 보유한 무기는 갈수록 파괴력이 커질 것이고, 전략적 목표물 공격은 더 자주 일어날 것이다. 여기에다 공포, 공황,

혼돈을 퍼뜨리는 일에 매스미디어를 더욱 효과적으로 활용할 것이다.

군사 전문가는 현 상황이 위기로 가득 차 있다고 판단한다. 아시아와 아프리카 전역에 에이즈가 확산되고, 많은 지역에서 인구 문제가 통제할 수 없는 지경으로 폭발하고, 국가 내에서나 국제적으로 경제 불평등이 커져 가고, 홍수와 가뭄은 갈수록 잦아지고, 마약과 밀수의 검은 경제는 급성장하며, 가격만 맞으면 어느 누구와도 손잡고 거래할 수 있는 지구적 차원의 회사가 늘어나고, 물과 에너지를 둘러싼 분쟁이 갈수록 첨예해지고, 경제 위기가 반복되면서 이 같은 문제로 우울하고 공포에 질린 대중 정서가 더욱 깊어 갈 것으로 본다. 유연하고 잘 훈련된 군과 이동 장비를 갖춘 최고 수준의 정보망이 있더라도 그러한 폭풍을 차단하기란 현실적으로 불가능하다. 미국 행정부에서 끝없는 전쟁을 부르짖던, 가장 강한 매파인 국방부 장관 도날드 럼스펠드Donald Rumsfeld와 부통령 딕 체니Dick Cheney의 예측은 아마 틀리지 않은 것 같다.

불균형 전쟁, 다른 식으로 읽기

다행히 불균형 전쟁을 다른 식으로 읽어 내는 이론도 있다. 군사 전문가들은 지구적 차원에서의 불균형 발달을 불변의 것, 즉 자연적 사실로 간주하는 경향이 있다. 그들은 문제를 군사적으로 해결할 수 있는 방안을 짜내는 것을 직업으로 가진 사람들이다.

그렇지만 그들이 강조하는 불균형 상황은 피할 수 없는 것도 아니고 자연적인 것도 사실 아니다. 불균형 상황은 테러의 위험에 잘 단련된 나라들이 추진한 행동이자 정책 산물일 뿐이다. 불균형 전쟁 이론은 전쟁터와 본국, 군인과 민간인, 전투와 정치 사이에 놓인 구분선이 무너지는 것을 목격하고 있다. 틀에 박힌 결론은 적에 대한 개념도 넓히고, 전 세계 어디에서든 작은 규모의 집단, 심지어는 개인을 공격하고 죽이는 방법을 광범위하게 개발하는 것으로 흐른다. 미국은 정보 취합과 가상 작업을 하는 새로운 기술을 실행하고 완벽하게 만들고 있는 중이다. 2002년 11월 예멘에서 현상 수배 중인 알-카에다 조직원 한 명과 그 동료 네 명을 사살한 사실을 보고한 무인 비행기가 현재 실행하는 새로운 군사 독트린에 관한 좋은 예다. 군사 목표물은 넓어져야 하고 군사 능력은 더 유연해져야 한다. 본국은 반드시 새로운 형태의 감시를 받아들여야 하고 지속적으로 경계를 늦추지 말아야 한다. 군사적 사고가 정치적 영역을 훨씬 더 많이 개척해야 한다.

몇몇 분석가는 같은 그림에서 아주 다른 결론을 도출하고 있다.

"만약 이러한 원인, 혹은 이와 유사한 정치·경제적 요인이 실제로 갈등을 증폭시키는 역할을 한다면 해결책은 우선적으로 경제, 외교, 법 집행 내부에 있다. 군사력이 담당할 역할은 작아질 것이고 다른 수단으로는 해결하기 어려운 문제를 풀어야 하는 특정 과제를 수행하는 일도 줄어들 것이다. 군사적 파괴 행동이 우리의 전반적인 목표와 조화를 이루게 하고 전술적 성공을 부인하는 반발을 유발하지 않는 일관된 '거대 전략'이 필요하다. 기술이 중요하지 않은 것은 아니다. 기술은 선택의 폭을 넓혀 준다. 그렇지만 적당한 기술이 부족하다는 것으로는 '별들의 전쟁' 수준에 미치지 못하는 제4세대 전쟁의 초라한 실적을 설명할 수는 없다."[1]

이제 무거운 의미를 가지고 있는 두 가지 주장을 살펴보기로 하자. 첫 번째는 현재 널리 퍼져 있는 테러를 군사적으로 패퇴시킬 수는 없다는 주장이다. 테러는 특정 국가의 후원을 받지 않는다. 따라서 군사 공격보다 취약점이 덜 노출되어 있다. 게다가 테러는 많은 사람들이 볼 때 정당성을 획득하는 여러 원인들을 지지하기 때문에, 군사적으로 공격하는 것은 위험한 정치 반동을 자극할 수 있다. 그러므로 테러와의 전쟁은 군사적 의미에서 '싸우는' 것이 될 수 없고, 따라서 '이길' 수 없다는 것은 분명한 사실이라는 인식이다.

두 번째는 테러를 일으키는 상황은 외교적, 경제적, 정치적 행동으로 바뀔 수 있다는 주장이다. 테러를 주로 군사적인 문제로 보는 것이 아니라 사회적·경제적·정치적인 문제로 보아야 한다는 것이다. 이는 잘못된 근대화로 인해 생긴 커다란 문제에 지구적 차원에서 접근하는 것을 의미한다.

불균형 전쟁론을 이렇게 달리 읽어 내는 것에 추가할 수 있는 세 번째 주장도 있다. 일반적인 분석은 거대 산업국에 가하는 테러에 대해 과장을 하고 있다. 세계무역센터 사건이 터진 뒤 금융 거래와 정보 교환의 핵심 중추를 신속하게 복구했다. 이 과정에서 볼 수 있는 것처럼 시스템은 일반적으로 두려워하는 것보다 그렇게 취약하지 않다. 스리랑카에서 타밀엘람해방호랑이가 중앙은행과 금융 센터를 파괴했지만 스리랑카 경제는 살아남았다. 콜롬비아, 페르시아 걸프, 이스라엘에서는 송유관, 오일 탱크, 연료 창고가 테러리스트의 목표가 되었지만 에너지 공급에 큰 충격은 일어나지 않았다. '대량 살상 무기'라는 용어로 핵과 생화학 무기를 한꺼번에 묶는 것은 이 무기들의 위험성을 과대 포장하는 것이다. 핵무기가 가장 파괴적인 것도 아닌데다가 테러리스트들이 사용할 가능성도 희박하다. 화학무기를 사용하여 공격하는 끔찍한 시나리오도 상상할 수는 있지만, 그것을 살포하는 것이 그리 쉽지는 않은데다가 범위 또한 제한적일 수밖에 없다. 생물학적 무기는 자가 발전적일 가능성도 있지만 그것을 사용하면 그들이 도와주려고 하는 대상이나 복수하고자 하는 대상이나 모두 다 위험에 처할 수 있기 때문에 쉽게 사용하려 들 수는 없을 것이다. 물론 소름 끼칠 정도의 파괴력 있는 공격도 가능하다. 1984년 인도 보팔에서 일어난 화학 물질 누수로 4천 명이 죽고, 수천 명이 다쳤던 사건이나, 보츠와나에서 섹스 가능 인구 중 36퍼센트가 에이즈 균에 감염된 것과 같은 일을 통해 우리는 가난한 사회도 생화학적 재난에 맞닥뜨릴 수 있다는 것을 볼 수 있다.

목표물과 무기에 관한 상징적이고 심리적인 영향은 실제 경제적 효과보다도 훨씬 과도하게 이야기되고 있다. 더욱 규모가 커진 비행기나 사무실 빌딩, 주경기장은 테러리스트들에게는 더 크고 상징적으로 더 매력적인 목표물이 될 수 있다. 생화학전과 '추악한 전쟁'은 삶에 악몽을 가져다주고 무시무시한 정치적 결과를 초래할 수 있다. 이러한 상황은 재난 영화감독의 주목을 피할 수 없는데, 테러리스트는 그 영화감독과 유사한 상징성을 서로 주고받는다. 폭발 직전에 있으면서 대중을 독가스로 테러하는 것과 같은 소름 끼치는 세상에서 예술은 삶의 모방인가 아니면 또 다른 방편인가?

모든 테러는 지역적이다

작전 중인 테러를 좀 더 면밀히 관찰해 보면, 정치적 측면에서의 중요성이 더욱 확연히 드러난다. 테러는 모두 지역적인 것에 그 뿌리를 두고 있다. 지구 전체를 대상으로 하고 있는 알-카에다나 히즈볼라 같은 운동도 뚜렷한 지역적 기반을 가지고 시작하였고 특정한 불만 사항에 목소리를 내 왔다. 아부 니달이나 자칼 카를로스는 전 세계 어디든지 가서 작전을 수행하는 고용 저격수가 되었지만 특정한 운동이나 정부에 고용되어 행동한다. 대부분의 테러 조직은 실패한 국가나 터지기 직전인 대도시 혼란 지역에서

아부 니달Abu Nidal
1970년대와 1980년대에 활동한 팔레스타인의 테러 지도자로, 아라파트의 온건 노선에 반발하여 '파타혁명평의회'라는 새로운 조직을 결성했다.

자칼 카를로스Jackal the Carlos
베네수엘라 출신의 좌익 혁명 노선의 테러리스트다. 본명은 라미레즈 산체스이며 팔레스타인해방대중전선Popular Front for Liberation of Palestine에서 활동했다.

발생하는 것이 아니고 비교적 안정적인 정부가 유지되는 나라에서 발생한다. 아일랜드, 이집트, 스페인, 알제리, 콜롬비아, 스리랑카, 이탈리아, 미국이 그 예다. 이들 가운데 일부는 테러의 충격으로 인해 불안하기는 해도 실패한 국가는 아니다. 실패한 국가 혹은 불안정 지역의 예로는 레바논, 팔레스타인, 아프가니스탄이 있는데 이곳들은 테러 양산지라기보다는 테러리스트들이 모이고 훈련하는 피난처다.

테러 조직을 이해하기 위해서 우리는 그 조직이 어떻게 지역의 맥락과 연계를 맺고 있는지 이해할 필요가 있다. 테러리스트의 사회적 배경을 알면 중요한 실마리를 찾을 수 있다. 다음의 두 가지 예를 살펴보자.

"나세르 대통령이 이집트의 아랍 사회주의를 이슬람 국가로 대체할 것을 주장하는 작가이자 활동가인 사이드 쿠틉을 교수형에 처한 해에, 카이로의 명망 있는 의사이자 교육자 집안 출신의 15세 소년 하나가 쿠틉의 사상을 지키고 나세르 정부를 전복하기로 결심하면서 그가 다니던 고등학교 내에 조직을 결성하였다. 그때가 1966년이었는데, 그 소년이 바로 이집트 이슬람 지하드를 오사마 빈 라덴의 알-카에다와 통합하고 알-카에다의 조직책이자 최고의 전략가가 된 아이만 알-자와히리 Ayman al-Zawahiri였다. 이집트의 반정부 사회학자인 사드 에딘 이브라힘Saad Eddin Ibrahim은 자기 조국에서 이슬람 활동가에 대해 공부했는데, 이는 교육받은 중산층 집안 출신의 활동가들이 이집트 인의 모델이었음을 설명해 준다. 그들의 부모는 대개 정부 관료나 전문인이었다. 한번은 알-자와히리가 한 미국인 손님에게 이슬람 집단 구성원 대부분이 엘리트 대학교의 의대나 공대 학부 출신이라고 자랑하기도 했다."[2]

"페루의 '빛나는길'을 창립하고 1992년 체포될 때까지 조직을 이끌어 온 아비마엘 구스만 레이모소Abimal Guzmán Reymoso 또한 중산층 대학의 학생 출신이다. 그는 1960년대 중반 하층민의 곤궁함을 목격하고 혁명 운동에 동참했다. 구스만이 자극받은 이데올로기는 공산주의였고 영향을 준 하층민은 아야쿠초 Ayacucho 지역의 빈민과 토지 없는 농민이었다. 이 지역에서 구스만은 철학을 가르쳤다. 구스만은 1992년 자신을 체포한 사람에게 '그들의 현실이 내 눈과 마음을 흔들었다.'고 토로했다. 구스만은 페루 사회주의 사상의 기초를 닦은 호세 카를로스 마리아테구이Jose Carlos Mariategui의 글을 존경해 마지않았고, 스탈린에 대해서는 비록 실수가 있었긴 하지만 '위대한 마르크스-레닌주의자이자 위인'이라고 칭송했다. 구스만은 1980년에 게릴라전과 테러 투쟁을 전개하기 시작해 이후 12년 동안 지속했다. 그 기간 중에 테러와 반테러의 잔인한 악순환 속에서 죽은 페루 사람의 수가 3만 명이나 되는 것으로 추산된다. 살해된 사람들의 대부분은 구스만이 기반으로 삼고 투쟁을 전개한 그 가난한 농민들이었다."[3]

테러 조직의 지도자가 중산층 출신이라면, 대부분의 사병은 가난한 계층이거나 더 열악한 난민 캠프나 도시 빈민가, 버려진 농촌 출신이다. 테러 조직의 핵심 부분인 사회 복지 쪽은 실업이 고용보다 훨씬 더 일상화되어 있는 곳에서 나타난다. 그들은 사회 복지를 통해 자신들을 둘러싸고 있는 주변의 비참함에 대해 설명해 주고, 나아가 그 문제에 대해 분명한 조치를 취하겠다는 약속을 한다.

규모가 큰 민족주의 운동은 대중 계급에서 폭넓게 충원을 한다. 아일랜드공화군의 가톨릭과격파the Catholic Provisional IRA와 개신교 울스터자원전선protestant Ulster Volunteer Force 같은, 아일랜드에서 폭력을 사용하는 정당은 노동자 계급에서 인력을 모은다. 콜롬비아의 무장혁명군, 스리랑카의 타밀엘람해방호랑이, 터키의 쿠르드노동자당(PKK) 등은 도시와 농촌의 저임금 계층에서 대원을 모은다.

반면에 1970년대 유럽과 일본의 좌익·무정부주의 테러 집단은 대원 모집을 주로 중산층에서만 했다. 대부분은 대학 교육을 받은 사람들이었는데, 많은 사람들이 본격적인 활동을 대학 시절 때부터 했다. 독일의 적군파는 그 대원으로 루터교 목사의 딸 구드룬 엔슬린Gudrun Ensslin, 변호사 부호의 딸 수잔 알브레히트 Suzanne Albrecht, 역사학자의 아들 안드레아스 바데르Andreas Baader, 역사학자의 딸 울리케 마힌호프, 치과의사의 아들인 호르스트 말러Horst Mahler, 기업 경영자의 아들 홀거 마인스 등을 받아들였다.[4](220쪽, '여성과 테러' 참조)

이러한 경우들을 통해 우리는 테러 행위의 주요 원인이 가난하고 착취당한 사람들이 처한 물질적인 비참함이라고 이야기하는 것은 사실이 아니라는 것을 확인할 수 있다. (물론 반식민 차원에서의 폭력과 토지 없는 농민의 봉기가 자신의 토지를 강점하고 있는 지주를 공격한 것은 이와는 다르다.) 테러에서는 감정적 에너지도 두드러지게 나타나는데, 빈곤이라는 상황이 저절로 만들어 주는 것은 아니다. 테러는 차라리 모욕, 강등, 경멸과 같은 감정 안에 놓여 있다고 할 수 있다. 가난과 착취는 사람 위에 찍힌 모욕의 징표이고, 그것으로 자신의 정체성을 확인하게 된다. 많은 테러리스트들이 중산층 출신이라는 사실을 두고 물질적 고통은 테러와 별개라고 주장하는 비평가는 가난한 삶의 환경과 정치적 행위 사이의 연계성을 이해하는 데 실패한 것이다. 테러와 빈곤은 자기 정체성의 원천이 되는 집단이 모욕을 받고 있다는 감정을 다른 집단에 전달해 주는 연계성을 가지고 있기 때문이다.

테러는 맹목적 분노가 아니다

테러는 맹목적 분노로 인해 터지는 것이 아니다. 테러는 사회적, 정치적 맥락에서 생긴 행동이지만 다만 왜곡된 형태로 나타나는 것이다. 민족주의 테러에 가담하고 있는 가난하고 착취당한 농민, 노동자 또한 자기 정체성의 원천이 되는 집단의 자치와 자존을 위해 싸우고 있다. 테러리스트들의 행동을 고취시키는 것은 사회적이고 상징적인 목표와 불만이다. 그들에게 가난과 착취는 일차적 동기보다는 모욕과 강등의 표시로 중요한 의미를 갖는다. 중산층 출신의 테러리스트에게 사상과 이데올로기의 의미는 더 심각하다. 분노와 증오를 키운 몇몇 사람들의 개인적 경험은 대개 가족이나 가까운 친지, 자기 자신에게 던져진 물질적이고 사회적인 모욕이다. 테러와 반테러의 악순환을 지탱하고 있는 메커니즘 가운데 하나는 한쪽이 다른 쪽을 의도적으로, 서로 번갈아가면서 모욕하려고 애쓰는 것이다. 이러한 의도와 상황이 테러와 반테러를 끊임없이 반복시키는 것이다.

불만과 분노가 테러 행위를 직접 일으키는 것도 아니다. 사람들, 특히 젊은 사람들은 테러에 참가할 수밖에 없고, 충성과 복종을 지킬 수밖에 없다. 여기에서는 지역의 문제와 지금 당장의 자극이 매우 결정적이다. 사회 혼란을 조장하는 거대한 테러 조직의 번성은 효과적인 지역 전략을 통해 이루어진다. 줄기차게 버텨 내는 테러 조직은 지역의 엄연한 한 사회 풍경이 되었다. 테러 조직들은 지역 젊은이들이 택할 수 있는 직업의 하나가 되었다. 고용 기회를 찾는 일이 어렵고 직업을 구할 수 없는 곳에서 테러 활동은 청년의 선택일 수 있다. 젊은 남성과 여성을 모집하는 요령을 가지고 있는 테러 사업가는 청년 사교 클럽의 열정적인 조직책과 같아서 집단에서 핵심적인 역할을 맡고 있다.

많은 평론가들은 오사마 빈 라덴의 카리스마 넘치는 호소력에 주목하고 있는데, 불만에 찬 아랍과 무슬림 청년 사이에 알-카에다가 큰 영향을 끼치게 된 것은 그 덕이기도 하다. 지역 갈등과 모집책의 개인적 매력이 청년 개인이나 친구 집단이 갖는 청년기의 분노와 섞이면서 테러 사업가에게 성공을 안겨다 준다. 감동적인 테러 공격과 그 진압책으로 터진 반테러의 대응은 대원 모집을 성공시키는 데 방아쇠를 당겨 준다. 테러 공격은 조직의 잠재력을 상징적으로 나타내 준다. 결국 탄압은 테러라는 책략이 도덕적으로 정당하고 실질적으로 필요한 것이라는 견해를 확인시켜 준다. 이슬람 지하드, 알-카삼 여단 그리고 하마스의 지도자들에 의하면 이스라엘의 점령지 공격을 뒤따르는 자살 임무를 수행하고자 하는 자원자가 부족한 일은 없다고 한

● **알-카삼 여단** al-Qassam Brigade—1992년에 조직된 팔레스타인 테러 조직 하마스의 무장 집단이다. 옮긴이

다. 점령에 대한 증오는 이스라엘의 군사 행동으로 친구들이 죽거나 다칠 때 더 커진다. 저항 행동은 '복수의 노래'로 기념된다.

테러 조직은 조직의 이익과 새로운 충원을 유지하고 확인해 주는 조직과 교육 또한 반드시 가져야 한다. 테러 조직은 조직원의 충성을 유지하기 위해 여러 가지 방법을 사용하는데 그 가운데 몇몇은 서로 모순되기도 하다. 긍정적인 쪽으로는 의례를 들 수 있다. 의례는 동지애와 더 큰 원천의 소속감을 불러일으킨다. 희생 거사일 전날 밤에 자살 폭발 감행자들이 만든 비디오테이프는 명분과 가족에 대한 뜨거운 마음을 표현한다. 그들은 언약이 가져다 준 평정심을 전한다. 그 안에서 과거와 현재의 지도자는 우열을 다투기 힘든 영웅으로 자리 잡는다. 희생자와 그 가족에 대한 물질 보상을 확신시켜 주고 한 가족의 평생 수입의 손실에 대한 일부를 보상해 주기도 한다. 이란과 이라크 정부, 부유한 사우디아

라비아는 자살 순교자의 가족에게 주는 기금을 기부했다고 알려져 있다.

부정적인 방법으로는 납치를 통한 충원이 있다. 납치된 후 범죄 행동에 투입된 뒤 당국에 의해 수배범으로 쫓긴다. 공포 때문에 이러한 충원 방식이 끊이지 않는다. 세포 조직을 두는 것은 더 큰 단일 조직의 조직원이 드러나는 것을 어렵게 만들기 위해서다. 이것은 하부의 신참 대원을 통제하는 기능도 할 수 있다. 조직 간에 수평적으로 의사소통을 할 수 없기 때문에 신참들이 불만을 서로 나누지는 못한다. 협박과 위협을 통해 지역 지도층에 반대하는 운동을 저지할 수도 있다.

정체성을 지닌 집단이 정치적 자치를 위해 싸우는 곳, 그러니까 북아일랜드, 팔레스타인 난민촌, 스리랑카 북부의 여러 도시와 농촌 지역처럼 테러가 일상의 일부가 되어 버린 곳에서는 마치 서유럽의 청년 갱단처럼 테러 조직이 어른이 되기 전의 소년 소녀에게 큰 매력으로 다가서고 있다. 동년배의 압박, 가족 전통, 전형적인 영웅이 선택 과정에서 중요한 역할을 한다. 폭력을 두려워하지 않고 자신의 조상이 내려 준 신앙에 진실로 다가서고 싶은 청년이 여기에 이끌린다. 지도자들은 청년들이 가질 수 있는 최고의 전망을 어떻게 확신시켜 줄 것인지, 청년들을 어떻게 테러 행동으로 이끌어 나갈 것인지 잘 알고 있다.

적군파, 붉은여단, 웨더언더그라운드처럼 특정 정치 이데올로기에 의해 규정된 집단들은 서로 다른 길로 테러를 향해 가고 있다. 유럽이나 북아메리카의 청년들은 자신들의 삶에서 의미 또한 찾으려 하지만, 부모를 포함한 기성세대가 갖는 사회적, 정치적 입장과의 불화를 끝내기는 힘들다. 이와 관련한 부유한 집안 출신의 청년에 관한 이야기가 많이 있다. 그들은 자신의 미래를 찾는 시기에, 자신을 위해 지금까지와는 전혀 다른 길을 확신에 찬 자세로 마련해 둔 어떤 급진적 집단이나 대변인을 만나 빠져들게 된다. 대체로 그 새로운 길이란 자기 자신이 물려받은 삶의 계획에 반대하고 그 사회의 분명하고 실질적인 불의에 대해 투쟁하는 것이다. 모반하는 자들은 부모들이 단지 미사여구의 원칙 위에서만 행동하고 있다고 이해하고 있다. 이스라엘, 팔레스타인, 북아일랜드, 스페인의 바스크 지역, 스리랑카의 타밀 지역처럼 민족주의 투쟁이 벌어지고 있는 곳의 청년 무장 전사들은 앞선 세대들이 지켜 낼 수 없었던 조국의 부활을 위해 일하고 있다. 아니면 자신들은 부모의 저주받을 이상에 대해 완전히 반대되는 사명을 택한다고 느낄지도 모른다. 이는 파시스트 이후 이탈리아의 붉은 여단이나 나치 이후 독일에서의 적군파 몇몇 대원에게 나타나는 현상이다.

국가 테러 사업

국가가 허용된 절차에 따라 군인을 충원하고 임금을 지불하는 군대를 가지고 있고 훨씬 큰 예산을 쓰고 있기는 하지만, 국가 테러 사업이 비국가 조직과 그렇게 다른 것은 아니다. 국가에서 운영하는 테러 조직은 비국가 집단과 비교해 볼 때 이데올로기보다는 물질적 보상에 훨씬 더 중요성을 둔다. 어떤 정부 지도자는 별 생각 없이 국가 테러에 빠져들기도 한다. 그들은 폭력을 구체적 수단으로 사용하기도 하지만 상징적인 방법으로 사용하기도 한다. 범죄자를 감금하거나 처형하기도 하고, 안보 불안을 증폭시키기도 하며 적군에 대해 폭격을 가하는 방법이 그것이다. 생사를 좌우하고, 자유와 감금을 결정하는 힘은, 설사 그것이 불법적이라 할지라도, 스스로를 매우 들뜨게 한다. '국가의 존재 이유 raison d' État' 라는 이름으로 법 밖에서 행동하는 것은 큰 도약을 필요로 하는 것은 아니다.

정체성과 이데올로기에 대한 믿음은 정부 지도자들 자신이 집단 테러리스트 지도자인 것처럼 행동하게 한다. 스스로의 도덕적 한계 때문에 내부의 반대자와 외부의 적 모두를 공격하는 것을 정당화한다. 국가 안보의 이념, 나치주의, 공산주의는 테러 전술에 필요한 일반 장병을 강압하는 형태를 갖춘다. 국가 테러를 자행하는 사람들이 갖는 가장 일반적인 합리화는 국가의 힘과 권위를 수호하기 위하여 반테러의 이름으로 행동에 나선다는 것이다. 그러나 그것은 수사적 표현일 뿐 그 주된 동기는 대개 권력 획득일 뿐이다. 존경받는 지도자는 종종 '뛰어난 해명자' 로 불리는데 '어쩔 수 없이' 공포정치를 선택한다고 말한다.

군사 체제 안에서는 청년 간부를 고문 기술자와 암살자로 만드는 기술이 잘 연마되어 있다. 집단 충성심과 동지애를 갖춘 더 큰 사명감, 예를 들어 국가 수호 같은 것으로 통합하는 것이 군대의 핵심이다. 군대는 이러한 훈련을 수행하고, 훈련받은 자를 가족과 사회에서 격리시키고, 소속 부대에 충성하고 명령에 복종하는 것을 강화하는 신병 훈련소를 운영하는 기술에 오랫동안 숙달되어 있다. 군사 작전에 대한 군인과 민간인 책임자는 국가와 정권의 이익을 위해 폭력을 사용하는 것이 전략적으로 가치가 있다는 믿음에 물들어 있다. 바로 그 전략적 도발과 집단 의존성이 국가 테러가 노리는 의도다. 특수부대의 부대장은 특정 인물들은 국가 안보의 적이고, 그런 집단에 대해서는 군인이 살해 면허증을 사용할 수 있다고 선언할 뿐이다. 1971년 스탠퍼드 대학의 필립 짐바르도Philip Zimbardo는 가상 감옥 공간에서 죄수와 간수가 행한 역할에 관한 실험을 통해 보통의 젊은 사람이 얼마나 빨리 고문에 익숙해지는가를 밝힌 것으로 유명하다. 그 실험은 엿새가 지난 후 갑자기 끝나 버렸는데 그 이유는 '간수'가 '죄수'를 가학적으로 다루기 시작했기 때문이었다.[5]

국가 테러의 감행은 민족주의 이데올로기 안에서 거대한 사명이겠지만, 문화적으로 조각난 나라에서는 특정 분파에 대한 충성심일 수도 있다. 국가 통합력이 약한 나라에서 많은 민족 지도자들은 기껏해야 민족적 권력 일부를 가지고 있는 군벌로 이해된다. 그들은 한 지역이나 집단 안에서 지지를 받지만 그들과 다르거나 충성심을 보이지 않는 지역이나 집단을 탄압하는 데 초점을 맞추고 있다. 사담 후세인처럼 무자비하지만 능수능란한 지도자는 골치 아픈 소수 집단에 테러를 자행할 요원을 자신에게 우호적인 집단에서 충원하여 그들에게 직접 명령을 하달한다. 1988년 할라브자Halabja에서 자행한 쿠르드 족 독가스 공격은 앞으로 생

길지 모르는 다른 지역 반대파에 대한 처벌의 경고이기도 했다.[6]

테러리스트의 위험한 삶

테러 조직에 가담한 많은 사람들은 위험과 비밀, 실제 상황이 주는 흥분에 사로잡혀 있다. 규칙 밖에 살면서 금지된 일을 저지르고자 하는 사람들이 몰려들고 있다. 자살 폭탄 테러리스트의 경우, 순교자를 숭배하듯 거창한 이유로 죽음을 수용하게 한다. 국가 테러리스트는 자신이 애국이라는 근거로 폭력 사용 권한을 부여받은 특수 조직의 '전문가'라는 의식을 가질 수 있다.

요원 후보자와 그 가족은 자신들의 안전과 복지가 얼마나 높아지고 피해는 얼마나 줄 것인지 합리적으로 계산할 것이다. 그들이 사는 지역 세계는 여러 종류의 분열과 갈등으로 점철돼 있다. 가족 입장에서는 아들을 지역 파벌의 이쪽저쪽에 분산 투자해 위험을 막으려 하고 모든 당파와 유용한 관계를 유지하고 싶어 하는 것이 당연하다. 가족끼리의 유대와 개인 네트워크의 복합성은 때로는 놀랄 정도다. 가족들은 일반적으로 볼 때 도저히 가까이 할 수 없는 분단된 양쪽에 모두 연고를 대고 있는 것이다.

테러의 세계화

불균형 전쟁에 관한 군사 전략은 테러의 세계화를 과장할 수 있다. 하지만 미국의 정책이 고의적이지는 않을지라도 테러의 세계화를 조장한 것은 사실이다. 알-카에다는 알-자와히리가 이집트의 이슬람 지하드를 오사마 빈 라덴 집단과 통합하면서 세력이 커졌다. 십여 개 나라에서 미국의 지원으로 훈련을 받고 아프가니스탄에서 싸운 바 있는 대원을 모집하는 일은 경험을 공유하고 나아가 새로운 종류의 조직에 초국가적 정체성을 갖게 하는 것이다. 정보 전문가들에 의하면 알-카에다는 필리핀과 인도네시아에도 훈련소를 갖추고 있다. 알-카에다의 핵심부는 각 지부의 작전 능력을 최대한 활용할 정도로 유연하다. 알-카에다는 미국의 침공으로 아프가니스탄 기지에서 쫓겨난 이후에도 여전히 활동적이고 효과적인 조직으로 남아 있다. 전문가들은 시련을 겪은 알-카에다가 이전에 경험하지 못한 훨씬 큰 위험으로 떠오르고 있다고 보고 있다.[7]

알-카에다에 대한 정보에 익숙한 정보부 자료는 가끔 알-카에다를 많은 나라에 활동 중인 지사를 (그 가운데 일부는 독점 영업권을 가지고 있기도 하다.) 거느리고 있는 다국적기업에 비교하기도 한다. 맥도날드가 버거킹에 자극을 준 것처럼 알-카에다가 유사 조직의 설립에 자극을 주었다고 믿기도 한다. 지역의 세포와 더 넓은 지역의 센터가 사람을 연결하고, 이데올로기에 따른 네트워크로 느슨하게 연계되어 있다. 네트워크는 회합을 하고 훈련 캠프를 운영하면서 자금을 모으거나 서로 전달해 주는 일을 통해 결속을 강화된다.

테러와의 전쟁을 이끌어 가는 미국은 다른 나라 정부에게 모든 종류의 테러에 반대하는 군과 경찰 행동에 관한 공동 정책을 조성하도록 하면서 반테러 전쟁의 세계화에 노력하고 있다. 각 나라는 안전 보장법을 제정하고, 국제적으로 연계 혐의가 있는 집단을 분쇄하도록 압력을 받고 있다. 인도네시아처럼 보통은 군사 원조와 훈련을 제공받는 경우가 많다. 필리핀처럼 군대뿐만 아니라 경제원조까지 받으면서 미국을 지지하는 나라도 있다.

테러와의 전쟁은 알-카에다에게, 그리고 일반적으로 테러 그 자체에 강력한 지구적 차원의 이미지를 제공하고 있다. 어떤 종류일지라도 소요 사태에 있는 국가는 자신이 테러리스트와 싸우고 있다고 주장한다. 러시아는 체첸 분리주의자를 테러 범주 안에 집어넣는다. 이는 러시아가 국제사회, 특히 미국의 지지를 받기 위해서다. 어떤 체첸 반군은 이슬람 급진주의의 옷을 입는 것이 유용하다고 판단하여 메시지를 비디오테이프에 담아 알-자지라 방송에 보내기도 했다. 다른 지역 운동과 마찬가지로 그들 또한 자신들이 처한 상태의 근본 원인에 대해 국제사회의 지지와 대중성을 얻기 위하여 자신들의 일을 지구적 노력의 일환으로 표현하고자 애쓴다.

공동의 적을 마주하면서 다양한 지역에 기반을 둔 여러 운동들은 서로 협조를 높이기 위해 노력한다. 전문가들은 레바논에 근거를 둔 히즈볼라, 이란의 지지를 받는 시아파, 급진주의 순니파 이슬람이 알-카에다와 협력한다고 믿고 있다. 콜롬비아무장혁명군, 아일랜드공화군, 하마스와 같은 테러 집단은 훈련과 장비에서 협조 체제를 구축하고 있다. 그들은 테러와의 전쟁으로 조성된 험악한 분위기에서 어떻게 하면 최선의 작전을 수행할 수 있는지를 배우고자 하는 공통의 관심을 가지고 있다.

테러와의 전쟁이 하고 있는 것

냉전의 종식과 함께 정부가 위축되고 정부 주도 프로그램은 축소되어야 한다는 신보수주의 견해가 널리 확산되면서 나타난 빈 공간을 테러와의 전쟁이 채워 주고 있다. 테러와의 전쟁은 정부가 수행해야 할 뭔가 중요한 임무를 주면서, 내부 보안 장치를 강화하고, 잠재적으로 골치 아픈 정치 운동을 제한하기 위해 필요한, 준비된 이유를 제공해 주고 있다.

냉전 시기 정부에게는 공산주의나 제국주의와의 투쟁이 자신의 권력을 팽창시키는 데 충분한 기반이 되었다. 국가 공산주의가 사라지자 미국은 강압적인 반공 정권에 대한 지원을 축소시켰다. 미국을 중심으로 단극화單極化된 세계에서 민주주의 운동과 경쟁의 정치가 널리 확산되고 있다. 민주화 운동은 정부를 무시하고, 정치 질서 자체에 의문을 달 정도의 갈등을 양산시키기도 한다. 그래서 많은 정부가 민주주의를 두려워한다. 테러와의 전쟁은 그런 정부에게 취약점을 극복하고 권력을 강화하기 위한 좋은 기회를 제공해 주고 있다. 이러한 상태의 여러 정부들은 경찰과 정보기관을 강화하고 있고 정치적 자유를 막고 자의적 체포를 늘이는 법 제정을 실현시키고 있다.

테러와의 전쟁은 불평등과 삶의 질 하락이라는 지구적 차원의 문제에서 이목을 끌고 있다. 이 지구적 차원의 문제는 사람들 스스로의 권리 차원에서도 그렇고, 갈등의 중요한 원천이라는 점에서도 중요하다. 그 대신 안보 문제 때문에 국제기구들이 수렁에 빠지고 있다. 경제 개혁에 관한 지구적 차원의 운동은 그 행동 범위가 더욱 축소되고 있다. 북반구 선진 산업국에서는 경제적 정의에 대한 협의가 정부에서 잘 이루어지지 않고 있다. 대중은 남반구 후진국을 경제와 사회 개혁이 필요한 지역으로 인식하기보다는 위험의 온상으로 보도록 훈련받는다. 활동가들은 인권과 시민권을 지키는 데, 새로운 안보법 제정을 반대하는 데 에너지와 자원을 쓰고 있다. 지구적 경제 개혁과 환경 보호 측면에서 이루어질 수 있는 연합은 안보와 테러의 문제를 다룰 때는 조화를 이루기 힘들다.

세계화 논쟁은 새로운 세대의 활동가들이 세계의 부와 권력의 재배치에 대응하고 활기찬 문화 변화와 갈등에 참여하기 시작할 때 이미 끝나 버렸다. 살아 있는 논쟁은 근본주의적 문제에 깔려 버렸다. 이러한 논쟁거리로는 이슬람, 기독교, 유대교의 정치적 역할, 다문화 국가를 위한 적절한 정치 구조, 편향된 발전과 소득의 잘못된 분배에 관한 문제를 시장 경제를 통해 정통으로 해결하는 방안 등이 있다. 이러한 논쟁은 더 널리 알려질 필요가 있고 더 많은 사람들이 참여해야 한다. 세속적인 자유주의자는 왜 근대화가 수많은 사람들에게 실패를 안겨다 주었는지를 논의해야 한다. 그런데도 그렇게 하는 대신 자유주의자들은 엄청난 양의 돈을 무기에 쏟는 일의 도덕성 논쟁에 사로잡혀 있다. 종교를 믿는 사람들은 신앙의 다원주의에 대한 믿음을 어떻게 개조할 것인지에 대해 논의해야 하지만 그보다는 자기 종교가 갖는 기초 도덕성 수호를 강요당하고 있다. 공포와 힘의 정치가 지적 도전과 실제적 타협의 정치를 대체하고 있다.

테러와의 전쟁은 공포의 수준을 높이고 안보에 대해 지속적으로 주의를 기울이게 하는, 잘 관리된 정보 구성 요소를 포함하고 있다. 테러와의 전쟁은 다른 토론에서 열정을 다 빨아들이고 근본 문제들을 공공 대화 바깥으로 밀어내 버린다. 자국 내 논의, 국제 토론의 장, 다른 여러 나라의 정치적 의제를 미국 구미에 맞게 형성해 주는 것이야말로 테러와의 전쟁의 가장 큰 특징일 것이다.

산업과 과학의 세계도 테러와의 전쟁에 영향을 받고 있다. 테러를 막거나 테러리스트에 대해 효과적인 조치를 취하는 방향으로 기술이 나아가고 있다. 새로운 지식과 새로운 무기는 반테러를 강화할 수 있지만 결국에는, 거의 확실하게 그 기술과 무기가 테러리스트 손아귀에 들어가게 될 것이다. 생물학 테러를 막기 위해 고안된 탄저균 연구의 결실은 이미 미국 정치가들과 언론을 겨냥하고 있다. 이러한 공격으로 많은 사람들이 죽었다. 러시아인들이 모스크바에서 체첸 인질범을 진압하기 위해 새로운 종류의 마비 가스를 사용한 것은 테러리스트에게 민간인 공격의 새로운 방법을 가르쳐 준 거나 다름없다. 미국의 군사 통신을 보호하고 테러리스트의 계획을 도청하기 위해 전 지구적 차원으로 통신을 조사하는 데 투자한 모든 기술과 자금은 다른 곳에 쓰이지 못하고 모두 이곳에 집중되었다. 그러한 기술과 자금을 테러 대응에 쓰지 않았다면 세계적인 갈등이 되고 있는 에너지와 물 보존 방책 모색에 사용되었을 수도 있다.

또한 테러와의 전쟁은 무기를 통제하고 제거하는 프로젝트에 관심을 빼앗겼다. 지뢰나 경자동화기, 폭발물 사용 가능성을 축소시키고자 하는 노력은 테러 행위의 빈도와 살상 강도에 직접적인 영향을 미쳤을지도 모른다. 핵무기와 생화학 무기 생산과 유통 통제는 테러리스트가 그런 무기를 사용하는 기회를 줄일 것이다. 이러한 노력은 반테러에 사용할 무기 생산을 가속화하고 군사 예산이 확대되면서 약화되고 사라졌다.

정치에서 전쟁으로 전환하는 것이 테러 전반에 나타나는 현상은 아니다. 몇몇 지역의 테러 집단은 전 세계인이 테러에 단호함을 보이자 아주 극단적인 주장을 철회하고 정치적 협상으로 운동 방향을 전환했다. 스리랑카의 타밀엘람해방호랑이, 아일랜드공화군, 알제리의 이슬람 정당 이슬람구국전선(Front Islamique du Salut, FIS), 스페인의 바스크조국과자유, 터키의 쿠르드 족이 이러한 방향으로 선회하였다. (일부는 임시방편적이기는 하다.) 이러한 움직임은 강한 대중적 기반을 가지고 있어서 더 정치적인 형태의 투쟁으로 쉽게 전환 가능할 것이다. 협상 상대인 정부는 좀 더 유연하고 정치적인 자세를 취할 수 있는데, 이 전쟁에 협조하면 어떠한 이익을 얻게 될지를 알고 있기 때문이다. 이런 사례들은 테러가 정치적 도전에 대해 대응하는 것이 헛된 꿈이 아니라는 것을 보여 준다. 테러에 대한 대응이 실질적인 가능성을 가지는 것

이다.(222쪽, '테러에 대한 법 제정-인도', 226쪽, '테러에 대한 법 제정-이
집트' 참조)

더 나은 대응

만일 주요 강대국이 테러를 일차적으로 군사적 문제로만 간주
하지 않는다면, 테러가 일어나도록 하는 상황을 변화시키는 일을
함께 시작할 수 있을 것이다. 전도유망한 출발은 통치권이 확립
되지 않은 혼란 상태 지역의 수와 크기를 줄이도록 같이 노력하
고, 세계 대도시의 주거 조건을 개선시키며, 사회 위기를 가져오
는 다른 원인들을 없애 가는 데서부터다. 위험한 테러리스트 집
단은 그래도 존재할 것이고, 테러 계획을 세울 것이다. 그 가운데
는 추진력과 작전이 상당히 효과적이고 꽤 잘 정립된 조직도 상
당수 있다. 그 조직들을 태어나게 한 조건이나 그들이 표현하는
갈등이 곧 사라지지는 않을 것이다. 설령 지구적 차원에서 행하
는 행동이 테러를 줄인다 할지라도 테러는 여전히 언제 터질지
모르는 폭발물일 것이다.

시민들이 테러리스트에게 보복을 요구하는 것은 정당하다. 정
부도 마찬가지다. 특히 테러 집단이나 국가들이 핵과 생화학 무
기를 확보하고 사용하는 것을 방지하는 노력을 통해 시민의 안전
을 확보하려는 행동 또한 정당하다. 대응이 필요한지에 관한 논
쟁은 필요 없겠지만 어떻게 대응할 것인지에 대해서는 논란이 있

을 수 있다. 테러와의 전쟁이라는 말과 행동을 거부하는 것, 테러리스트가 저지른 행동을 인류에 대한 범죄로 간주하는 것은 그 논리가 강력하다. 그렇게 하면 전쟁의 반反정치적인 부정적 효과를 피할 수 있다. 그렇게 하면 테러리스트들이 영웅 전사의 월계관을 쓰는 것을 막을 수 있고 대신 저질 범죄자로 다룰 수 있게 된다. 집단에 의한 것이든 국가에 의한 것이든 테러는 모든 나라에서 범죄 행위다. 그리고 인류에 등을 돌리는 범죄로 간주된다. 테러리스트를 범죄자로 몰아붙이는 것은 테러 작전을 적발하고 중지시키는 행동을 필요로 한다. 경찰이나 특수부대는 테러가 일단 저질러지고 난 후에 반응하는 것보다 미리 막아야 한다. 그래서 우수한 정보 수집이 결정적으로 중요한 것이다.

테러와 반테러의 악순환에 사로잡혀 있는 모든 지역의 갈등을 줄이기 위한 외교적 노력이 테러 전체에 큰 효과를 미칠 수 있다. 일부는 해결될 수 있고, 또 일부는 줄어들 수 있다. 각 지역의 폭력 사태에서 감정을 제거하고 정치적 대결과 협상의 장 안으로 들어갈 때 테러 에너지를 다른 방향으로 돌릴 수 있는 것이다.

국가 테러를 줄이려는 노력 또한 필요하다. 국가 테러를 자행하는 기관을 폐쇄하고 국가 테러리스트로 활동했던 사람을 재훈련시키는 일 또한 필요하다. 안타깝게도 테러와의 전쟁은 반테러 사역이라는 이름으로 국가 테러 조직을 유지하고 확장하는 일에 준비된 변명거리를 제공할 뿐이다.

테러를 직접 목표물로 삼고 행하는 경찰, 정보부, 외교 노력은 다른 중차대한 과제들을 팽개치고 모든 이목을 그곳으로만 집중

시킨다. 그래서는 안 된다. 민주주의에 적응시키고, 국가 경제와 국제 경제를 개혁하고, 무기를 조절·제한하고, 대중의 정치적 행위를 조직하는 등의 행동은 그들 스스로를 위한 중차대한 일일 뿐만 아니라 테러가 꽃을 피우게 하는 원인과 긴장 관계를 줄이는 핵심적인 방법이기도 한다.

세상은 앞으로 테러와 함께 살아 나가야 할 것이다. 그렇지만 테러를 제한하기 위해 정부와 시민이 할 수 있는 노력도 많다. 우리는 인류가 직면한 생사가 달린 정치적 과제에 대해서, 대중의 행동과 정부 차원의 노력으로 되도록 피해를 줄여야 한다.

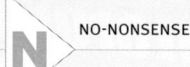

9·11 이후 테러에 대한 법 제정

오스트리아

▶ 특정 집단에 대한 금지와 구류 중인 용의자의 권리 삭감을 포함하고 있는 반테러 법이 의회가 열리기 전에 상정되었다. 더 엄격한 망명 관련법이 9·11 이후 신속하게 처리되었다.

캐나다

▶ 반테러에 관한 12월 법안은 그 이전의 초안보다 진일보했다. 그렇지만 평화 운동을 범죄 취급한다거나 불공평한 재판이 이루어질 위험은 여전히 남아 있다. 또 다른 법은 망명 신청을 방해하고 있다. 4월 29일 정부는 공공 안전에 관한 법안 하나를 제출했는데, 그에 의거하여 군대는 어디든지 군사 장비가 설치되어 있으면 '접근 통제 지구'를 선언할 수 있다.

중국

▶ 9·11 이후 정부는 중국 통치에 반대하는 신장 지구의 위구르 족에 대해 '국제 테러'와 연계되어 있다고 하면서 심한 탄압을 전개하였다. 관리들의 보고에 의하면 수천 명이 감금되었고, 무슬림의 종교적 권리를 제한하는 조항을 새로이 두게 되었다. 12월 29일 중국은 '테러 범죄를 처벌하고, 국가 안보를 보장하고 사회 질서를 유지하기' 위해 형법을 수정하였다.

콜롬비아

▶ 2월에 파스트라나Pastrana 대통령이 잔인한 행동을 저지른 모든 집단에 전쟁을 재개하였다. 파스트라나는 반군은 테러리스트와 동일하게 취급할 것이니, "그 안에서 세계는 우리를 지지한다."고 선언했다. 헌법재판소는 갈등 지구에서 군대에게 경찰권과 사법권을 주는 초헌법적 국가보안법을 인정했는데 이 국가보안법은 형사 면제권을 강화한 것이다. 새로운 보안법도 거의 다를 바 없다.

독일

▸ 새로운 법은 망명 신청을 거부하는 근거를 더욱 확장하고, "사람이나 사물에 공격을 가하거나 위협하거나 원인을 제공하거나 대중 질서나 안전에 해가 되는 독일 내부나 외부에 있는 조직을 지지하는" 집단의 활동을 금지하고 있다.

인도네시아

▸ 하원에 제출된 반테러 법안 초안은 공공시설을 파손하거나 보안을 해치는 자에게는 5년 이상에서 사형까지 선고할 수 있다고 법무인권장관이 발표하였다.

요르단

▸ 10월의 형법 수정은 '테러'를 환경에 손상을 입히는 행위까지 포함하도록 그 범위를 확장시켰다. 그 안에는 공적·사적 혹은 국제적 조직이 다 포함되고 외교 사절단도 포함된다. 이 수정안은 '국가 통합이나 나라의 명망을 저해'할 수 있는 '거짓' 중상모략을 일삼는 출판업 폐쇄 권한을 강화시켰다.

파키스탄

▸ 1월의 반테러 수정 법령은 '테러' 범죄를 심리하는 배심원에 군 장교를 불러 사법 독립을 크게 침해했다. 이 반테러 법정은 대부분의 경우 사형을 언도한다. 9·11 이후 정부는 종교 정당이 주최하는 시위는 진압을 시도하였다.

필리핀

▸ 인권 단체들의 보고에 의하면, 아부 사이야프(Abu Sayyaf, 필리핀 남부에 근거를 두고 있으며 이슬람 국가의 분리 독립을 주장하는 무장 단체. 옮긴이)에 공감한다거나 그 조 직원으로 추정되는 이에 대해서는 무차별 체포와 고문을 자행하고 있다. 정부는 아부 사이야프가 알-카에다와 연계되어 있는 것으로 간주한다. 4월 21일의 폭발로 열다섯 명이 죽은 뒤, 마카파갈 아로요Macapagal Arroyo 대통령은 의회에 계류 중인 반테러 법안을 통과시켜 줄 것을 요청하였다. 현재 외국인 테러리스트 용의자는 옛 이민법에 따라 구금되고 있다.

남아프리카공화국

▶ 반테러 법안 초안은 외국 대사관에 청원서를 전달하려는 비폭력 시위자들에 의한 파업이나 파업 시도도 범죄로 규정할 수 있다. 이 법안은 재판 없이 구금할 수 있게 하고 있다.

스페인

▶ 정부가 제출한 정치 활동 규제법에 따르면 '증오, 폭력 그리고 사회적 반목'을 조장하는 정당은 활동을 금지할 수 있다. 민주주의 제도의 정당성에 대한 도전, '시민 반목의 문화를 조장하는 것' 등이 이에 속한다. 이 법은 바스크 분리 운동인 '바스크조국과자유' 의 정치 단체인 바타수나Batasuna를 겨냥하고 있다.

우간다

▶ 3월 반테러 법은 테러리스트 기결수에 대한 사형 선고를 도입하고 있다. '테러를 조장할 것 같은' 뉴스를 공표하는 것은 십 년 징역에 처할 수 있다.

영국

▶ 2001년의 반테러 · 형사 보안법에 의하면 내무부가 영국 시민권을 갖지 않은 자로서 국가 안보에 저해 요인이 되고 국제 테러리스트의 일원으로 보인다면 혐의와 재판 없이도 무기 구금에 처할 수 있다.

미국

▶ 9 · 11 이후 대부분 서아시아나 무슬림 나라에서 온 천 명 이상의 사람들이 체포되었다. 그 가운데 3백 명가량은 구금되었다. 10월 미국 애국자법에 의하면 검찰총장이 추방할 수 없는 비非미국 시민권자에 대해 테러 행위에 연루되어 있거나 국가 안보를 저해할 수 있다고 '믿을 만한 합리적 근거' 를 가지고 있다면 무기한 구금할 수 있다. 11월 15일 부시 대통령은 군사 명령을 발효하였는데 미국 국적을 갖지 않은 자가 테러리스트로 기소를 당하면 군사 위원회에 의해 재판을 받을 수 있다는 것이었다. 이는 공정한 재판을 받을 수 있는 권한을 심각하게 침해한다.

짐바브웨

▶ 3월의 대통령 선거 준비 기간 중에 로버트 무가베 대통령은 반대파를 테러리스트로 몰았다. 그러면서 그 반대파를 무력으로 공격한 자신에 대한 지지자들에 대해서는 관용을 베풀어 주었다. '공공질서 보안법The Public Order Security Act'은 경찰이 시위를 금지하고 군과 경찰, 대통령을 비판하는 자에 대해서 형법으로 처벌하는 것이 허용된다. '정보 접근 및 사생활 보호를 위한 법Access to information and Protection of Privacy Act'은 정부가 신문을 금지하고 부정적인 시각으로 정부를 묘사한 글을 쓴 언론인을 투옥하는 것을 허용하고 있다.

유럽연합

▶ 종합 행동 계획 제안서는 유럽식의 체포 보증, 유럽에 통용되는 테러에 관한 정의, 유럽연합의 공공 검찰청, 용의자의 자산을 동결할 수 있는 유럽식 메커니즘, 이민 시험과 망명 법, 컴퓨터 범죄를 기소할 수 있는 메커니즘에 대해 설명하고 있다. 여기에서 테러에 대한 정의는 평화 운동을 형사 범죄로 만들기에 충분할 정도로 광범위하다.

아랍연맹

▶ 1월에 아랍 내무부 장관들은 '테러와의 전투'를 수행하기 위한 수단에 합의했고, 테러 진압을 위해 아랍 관습법에 필요한 권한을 줄 것을 서약하였다. 이는 '테러'의 범위를 아주 넓게 잡고 있어서 얼마든지 남용할 수 있다. 이 법에 의해 많은 나라에서 사형의 범위가 크게 넓어졌다.

▶출처─국제사면위원회Amnesty International,
http://www.amnestyusa.org/amnestynow/war_terrorism.html

테러에 대한 여러 가지 반응

지구상에 있는 여러 정부는 테러에 맞서 싸운다는 미명하에 인권과 정치적 자유를 크게 제한하고 있다.

EUROPEAN UNION

ARAB LEAGUE

UNITED STATES OF AMERICA

COLOMBIA

반테러법

- 재판 없는 구금, 자의적 구금, 혹은 혐의 없는 구금 연장
- 차별법
- 평화 운동의 범죄화 가능성
- 가혹한 구금 상태(변호사 접견 금지, 독방 구금 포함)
- 불공정 재판(무죄 추정의 원칙 배제, 묵비권과 자기 유지 거부권, 민간인의 군사 재판 회부, 비밀리에 확보한 증거 등 포함)
- 사형 확대
- 불공정 재판 후 사형 가능성
- 인권 보장 없는 상태에서 송환(사형 제도가 있는 나라로 송환 포함) 혹은 불법 송환
- 외국인 탄압, 망명권 부인, 망명에 대해 가혹한 취급
- 집회 결사의 자유 제한
- 표현과 종교의 자유 제한
- 보안, 감시와 수색, 정보 심문에 대한 권력 증대
- 형벌 면제

불법 행위

- 고문 사용이 보고됨
- 9 · 11 이후 테러와 관련 속에 정당화된 심각한 인권 침해

법의 지위

- 2001년 9월 11일 이후 법이 통과됨
- 법 초안

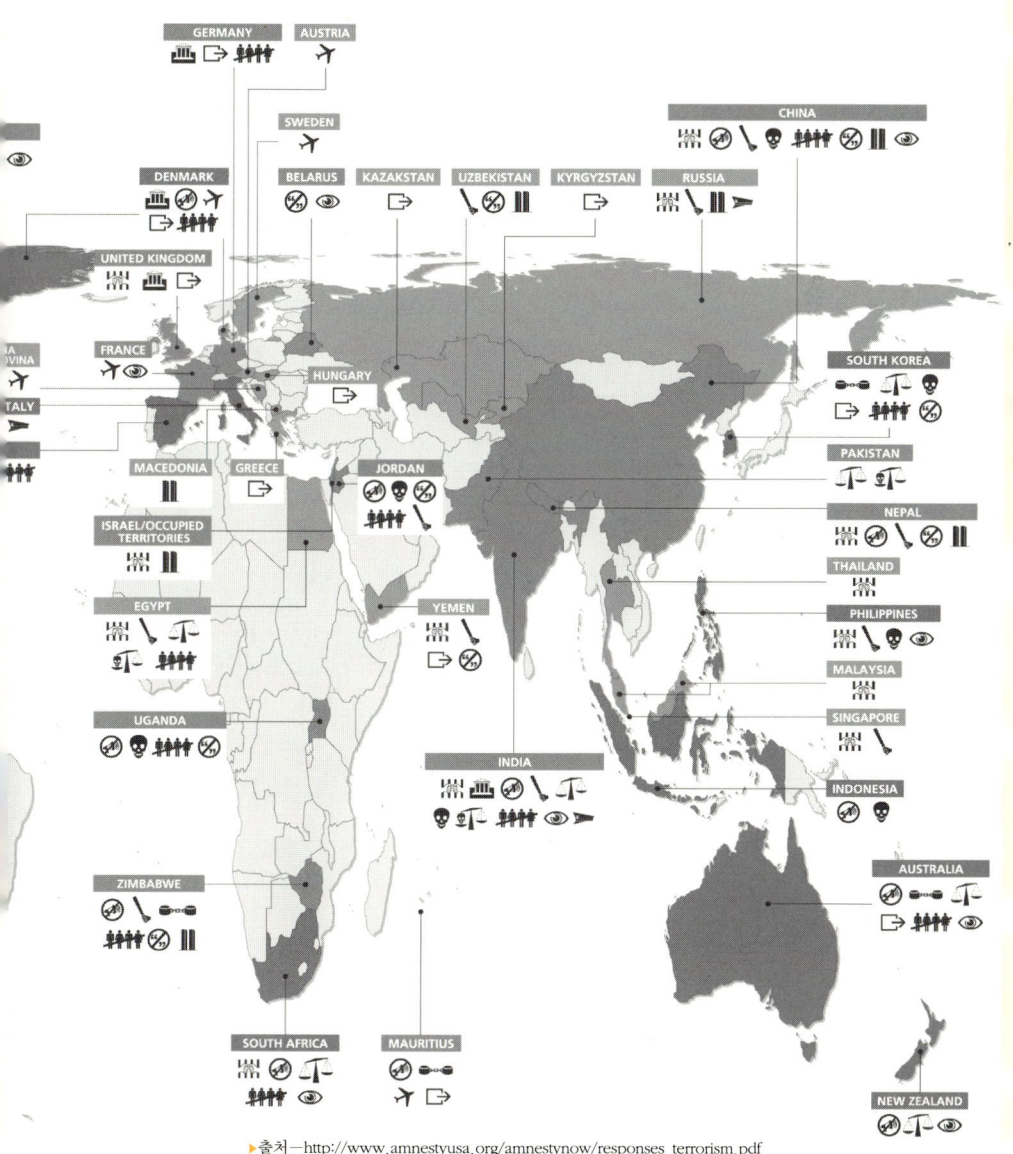

▶출처—http://www.amnestyusa.org/amnestynow/responses_terrorism.pdf

NO-NONSENSE

N 부록

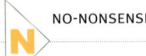

왜 '테러'의 의미에 동의하는 것이 어려운가?

2000년 11월 제29차 입법위원회Legal Committee의 회의에서 몇 개 국가에서 테러의 정의를 시도해 보자고 하는 데 여러 가지 반응을 보였다.

이란은 몇몇 테러리스트들이 거짓 이름으로 활동하고 있는데 안전한 곳을 찾기 위해 인권 단체 비정부기구의 이름을 쓰는 이도 있다고 주장했다. 이란은 기술 발전이 그것에 대응할 준비가 안 되어 있는 나라에 대한 새롭고 놀라운 공격을 가능하게 한다고 주장했다. 그리고 그동안 군대야말로 잔인한 짓을 저질러 왔으니 평화 시기에 군인들에게 면책권을 주어서는 안 된다고 주장했다.

이스라엘은 폭발물 테러라 해도 그것이 민족 해방을 위한 것이라면 테러가 아니라고 믿는 국가가 있다는 사실에 특히 관심을 기울였다. 표준화된 정의가 없고, 통일된 정치적 의지가 없는 상태에서 테러는 활발해진다. 테러와 싸움은 반드시 '동등하고, 계속적이고, 포괄적이고 꾸준히' 이루어져야 한다고 했다.

옛 소련의 공화국인 구암(GUUAM, 그루지야, 우크라이나, 우즈베키스탄, 아제르바이잔, 몰도바. 옮긴이) 집단은 테러와 공격적 분리주의, 극단주의 종교와의 연계에 대해 주의를 기울였다. 구암도 이스라엘과 마찬가지로 정당화될 수 없는 행위와 테러의 목적이 연계되어서는 안 된다고 경고했다.

콩고는 국가 테러가 이웃 나라 국민들의 자연 자원을 약탈하는 것을 허용하였음을 지적하였다. 예멘은 테러리스트의 공격으로 인해 나라 사이의 관계가 손상된다는 사실을 지적하였는데, 이는 미국과 예멘의 관계가 미 해군 구축함 콜Cole호에 대한 자폭 테러로 손상되었음을 의미한다. 시리아는 이스라엘에 의해 자행된 국가 테러는 팔레스타인 아이들과 여성들의 죽음을 초래한다는 사실을 지적하였다. 그리고 더 나아가 이스라엘이 목표물로 선택한 것은 성격상 군사적인 것이 아니라 늘 상징적인 것이었다고 지적하였다. 시리아는 이스라엘의 행동이 어떤 특정한 정의에 의한 테러의 우산 속에서 자행된 것이라고 주장하였다.

▶출처─미시간 국제연합협회United Nations Associations of Michigan.

성공한 테러

1. 테러 자체의 무익성에 대해 이야기해 보자. 유대계 테러 집단이 자행한 테러에는 모인 경Lord Moyne과 베르나도트 백작Count Bernadotte 암살, 킹 데이빗 호텔 폭파 등이 있고 그전에는 팔레스타인 사람들이 탈출하는 것을 막기 위해 팔레스타인의 몇몇 마을을 골라 학살한 사건도 있었다. 이러한 테러가 영국을 격퇴시키고 새로 건설된 국가 이스라엘에서 유대인이 권력을 강화하는 데 도움 되지 못했다고 누가 자신 있게 말할 수 있겠는가? 이스라엘이라는 국가를 건설한 데는 유대인 대학살에 대한 부르짖음이 도덕적 정당성에서 더 중요한 역할을 하였다. 분명히 테러 하나만으로 새로운 국가를 건설한 것은 아니었다. 하지만 테러는 중요한 도구였고, 또 실제로 그렇게 작용한 것이 사실이다.

▶출저—미카엘 이그나티에프Michael Ignatieff, '테러의 교훈—민간인에 대한 전쟁은 모두 동일하다*The Lessons of Terror—All War Against Civilians is Equal* 「*The New York Time Book Review*」, 2002년 2월 17일.

2. 부시 대통령과 대변인들은 자신들이 단호하다면 테러는 결코 성공할 수 없음을 확신한다고 여러 번 반복해서 말했다. 그렇지만 2차 세계대전 이후에 벌어진 게릴라전이나 테러에 대한 실제 기록을 보면 게릴라전이나 테러가 오히려 식민 권력을 협상 테이블에 앉게 했다는 사실을 알 수 있다. 영국의 식민지였던 케냐, 키프러스, 아덴* 그리고 아일랜드에서 두 차례 그런 일이 있었다. 프랑스의 식민지였던 베트남, 알제리, 최근의 코르시카, 스페인의 식민지였던 바스크, 네덜란드의 식민지였던 인도네시아가 그랬고 미국은 베트남과 협상 테이블에 앉아야 했다. 사실 미국 스스로가 18세기 영국에 대항하여 그런 전략을 사용하기도 했다. 결국 이스라엘도 팔레스타인과 같은 결과를 낳을 것이다.

▶출처—John Downey, 'The West against terrorism', www.opendemocracy.co.uk, 2002년 4월 25일.

---

*예멘의 항구 도시. 1839년에 영국 동인도회사령, 1937년에 영국의 직할 식민지가 되었다. 옮긴이

테러를 정당화하기

"미국 정부가 웨이코Waco와 루비 릿지Ruby Ridge에서 한 일은 더럽기 짝이 없다. 그래서 나는 그 더러운 것을 오클라호마 시에 되돌려준 것이다."

—미국 오클라호마 시Oklahoma City 폭파의 주범 티모시 맥베이Timothy McVeigh.

▶출처—ABC 뉴스.

"무장 행동은 목표를 가지고 있다. 설사 민간인이 살해된다 할지라도, 그것은 우리가 그것을 좋아해서라든가 우리가 피에 목마른 자들이라서가 아니라, 우리가 해야만 하는 일이기 때문이다. 그 집단이 그런 일을 하는 것은 그들이 민간인을 죽이는 것을 좋아해서가 아니라 지하드가 반드시 계속되어야 하기 때문이다."

▶출처—오스트레일리아 방송국Australian Broadcasting Company의 제롤드 엠 포스트Jerold M. Post가 이스라엘 교도소에서 2001년 10월 22일 테러 행위로 수감된 팔레스타인 죄수와 행한 인터뷰.

"미국인과 그 동맹들을 살해하라는 판결은 그 대상이 군인이든 민간인이든 관계없이 할 수 있는 세계의 모든 나라에 사는 무슬림들이 행해야 하는 개인적 의무다. 그것은 알-아크사Al-Aqsa 모스크(분쟁 지역인 동예루살렘에 있는 이슬람 사원. 옮긴이)와 성소 메카를 그들의 손아귀로부터 해방시키기 위하여, 이슬람의 모든 땅에서 그들의 군대를 몰아내기 위하여, 그리고 무슬림 그 누구도 패배하지 않고 협박당하지 않게 하기 위하여 우리가 해야 하는 일이다. 이것은 '전지전능하신 알라'와 일치하는 것이다.

그리고 모두 힘을 합쳐 이교도와 싸우라! 그들이 모두 너희들과 싸우지 않는가! 더 이상의 소요가 일어나지 않고, 모든 압제가 사라지고 알라 안에서 정의와 믿음이 널리 퍼질 때까지 그들과 싸우라."

—세계이슬람전선World Islamic Front Statement의 성명서, 「유대인과 십자군에 저항하는 지하드」

▶출처—오사마 빈-무함마드 빈-라덴, 이집트의 지하드 집단 총사령관 아이만 알-자와히리Ayman al-Zawahiri,

이집트의 이슬람 집단 아부-야시르 라파이 아흐마드 타하Abu-Yasir Rifa'i Ahmad Taha, 파키스탄 자이마트-울-울레마-에-파키스탄Jaimat-ul-Ulema-e-Pakistan 비서 미르 함자흐Sheikh MirHamzah, 방글라데시 지하드 운동 총사령관 파즐루르 라흐만Fazlur Rahman, 1998년 2월 23일.

"(총을 쏘기 전에) 나는 그리스도께서 요구하신 바대로 내 이웃을 지켜 내지 못한 사실을 깨달음이 이렇게 날 짓누르고 있었음을 기억하고 있습니다. 이 독재 정부에 복종하지 않는다는 이유로 당하는 박해의 공포와 멍에를 짊어지는 것은 영광스러운 일이며 (…) 이는 주께 복종하는 내 의지의 행동을 요구합니다. 국가 독재의 속박을 벗어 던져 버린 후 내 영혼에는 기쁨과 평화가 넘치며 내 작은 세포가 새 왕국 속에서 승리와 자유를 만끽합니다."

—1994년 낙태 시술을 한 의사 존 브리튼John Britton과
낙태 의원 경비 제임스 바렛James Barett을 살해한 폴 힐Paul J Hill.

▶출처—1997년 12월 22일 낙태 반대 운동으로 수감된 자들의 희생을 기리는 '화이트 로즈 뱅큇White Rose Banquet'에 보낸 편지.

NO-NONSENSE

종교재판

1208년 교황 이노센트 3세Pope Innocent III에 의해 알비 십자군 전쟁Albigensian Crusade이 시작되었다. 이 원정은 1209년 '이단'을 키우는 문화를 파괴하는 과업을 완수한다는 목적에서 행해졌다. 유대인과 무슬림에 대해 관용적인 태도를 취하고, 여성과 여성 사제를 존경하고, 시, 음악, 아름다움을 평가하는 문화가 잘 보존되고 찬란하게 이어졌더라면 유럽은 종교 전쟁, 마녀 사냥을 겪지 않았을 것이고, 그 다음 세기에 이어진 종교와 이데올로기 이분법 때문에 빚어진 대학살이 일어나지 않았을지도 모른다.

1216년에 도미니크 수도회는 대중적인 카타르 신부제에 맞서기 위해 세워졌다. 1223년에 로마 교황이 이단의 뿌리를 뽑는 것을 수도회의 과업으로 삼도록 칙령을 내렸다. 수도회가 종교 재판의 주요 수단으로 자리 잡으면서 지역의 주교에게, 항소 과정 없이 이단 혐의가 있는 자에게는 유죄를 선고할 수 있도록 직권을

수여하였다. 도미니크 수도회는 '이단에 대한 심문, 기소, 재판, 고문 그리고 처형의 과정'에 대한 유효 장치를 세웠다. 심지어는 죽은 자가 이단 혐의를 받으면 무덤을 파헤쳐서 불태웠다. 도미니크 수도회는 처음에는 스스로 고문을 하는 것을 허용하지 않았으나 1252년부터는 고문을 해도 된다는 허락을 교황에게 받았다. 당시 처형에 관한 권한이 민간 당국에게 있었다. 이단 혐의가 있는 이들에게 일주일 동안 하루에 두 번 고문을 하면서도 피를 흘리지 않고 고통 받게 할 수만 있다면 그 이상도 허락이 되었다. 죄를 고백할 때까지 테러를 가하는 것도 허용되었다. 다시 말하면 피 흘리는 것을 피하기 위해 불에 태워 죽이는 것이 '처형'의 방법 가운데 가장 선호되었다.

▶출처—앤 바링Ann Baring, 마이클 배이전트Michael Baigent · 리차드 리Richard Leigh가 쓴 『종교재판The Inquisition』(Viking, New York: 1999)의 서평.

NO-NONSENSE

미국의 지식인들이 전쟁을 합리화하다

우리는 무엇을 위해 싸우는가?

전쟁에 대해 객관적이고 도덕적 합리성을 적용하는 것은 정의에 바탕한 시민사회와 세계 공동체를 수호하는 것이다.

정의로운 전쟁에 관한 원칙들은 침략 전쟁과 세력 증강을 위한 전쟁은 절대 용납할 수 없다고 가르치고 있다. 전쟁은 민족의 영광을 위해서, 과거의 잘못을 복수하기 위해서, 영토를 넓히기 위해서, 혹은 어떤 방어 목적 이외의 것을 위해 싸워서는 안 된다. 전쟁에 대한 가장 우선적인 도덕적 합리화는 선량한 사람들을 어떤 위해에서 보호하는 것이다. (…)

침략을 중단시키고 무력을 강제로 막지 않으면 자신을 보호할 수 없는 선량한 사람들이 비참하게 피해를 입을 수밖에 없는 상황이라면, 이웃을 사랑해야 하는 도덕의 원칙에 따라 우리는 무력을 사용해야 한다. (…)

선량한 삶에 대한 위험이 실제로 분명한 상황이며 특히 증오에 가득 찬 적개심에 의해 무언가 일어나려고 한다면, 그들이 추구하는 목적이 협상할 수 있는 것도 아니고 다만 당신을 파괴하는 것에만 혈안이 되어 있다면, 그에 대응하는 무력을 사용하는 것은 도덕적으로 정당하다.

정당한 전쟁이란 공공의 명령에 책임을 지는 정당한 책임 당국에 의해서만 수행될 수 있다. 무력이란 책임 없이 자유로운 것이고, 기회를 엿보는 것이며 개인적인 것인데, 결코 도덕적으로 용납할 수 없다.

정당한 전쟁은 전투원에 대해서만 가능하다. (…) 복수 차원에서 혹은 침략으로부터 막아 내기 위한 수단으로라도 민간인을 살해하는 것은 같은 편이라고 해도 도덕적으로 잘못이다. 비전투원이 다치거나 죽는 것이 예상되는 결과를 초래하더라도 그 행위가 고의적이지 않다면, 어떤 특수한 상황과 엄격한 한계 내에서는 군사 행동을 감행하는 것은 도덕적으로 정당화될 수 있다. 그렇지만 비전투원 살해를 군사 행동의 작전 목적으로 삼는 것은 도덕적으로 용납될 수 없다. (…)

이러한 원칙은 전쟁이라는 비극적 행위에서라도 준수되어야 하고 되새겨야 한다. 이는 근본적인 도덕의 진리인데 '다른 쪽', 즉 우리와는 맞지 않는 사람들, 인종이나 언어가 다른 사람들, 우리가 믿는 바에 따를 때 진실이 아닌 종교를 가지고 있는 사람들 또한 우리가 향유하고 있는 것과 같은 권리를 가지고 있고, 우리가 영위하고 있는 인간의 존엄과 인권을 가지고 있다.

—미국의 많은 학자와 지식인들이 서명함.

▶출처—http://www.americanvalues.org/ 2002년 2월 12일.

NO-NONSENSE

보통의 미국인

편견이라는 것은 이미 내려져 있는 결론을 짜 맞추기 위해 근거들을 모으는 것이고, 반미주의는 그러한 많은 편견 가운데 하나다. 보통의 미국인은 결코 그렇지 않다. 분명히 보통의 미국인은 절대 희생자가 아니다. 피해자의 자리는 이미 다른 사람들이 차지했다. 미국인 혹은 서구인은 구조를 이루는 분자로 비인격화되어 버렸는데, 빈 라덴은 이를 미국의 '중요한 조직'이라고 불렀다. 미국 정부에 관해서는 정부 정책들이 핵심 요소다. 크메르 루즈나 빈 라덴 같은 대량 학살자의 행동은 반드시 "맥락에 따라 이해되어야 한다." 그러나 반미주의자들에게 있어 미국의 정책은 '맥락'이 없다. 그냥 그것 그대로일 뿐이다.

▶ 출처─토드 기틀린Todd Gitlin, '미국에 대한 보통 감정The ordinariness of American feelings', 2001년 10월 10일. http://www.opendemocracy.net

여성과 테러

▶ '여성 테러리스트'라는 문구에는 기존의 테러 의미에 더 극단적이고 비이성적인 의미를 추가로 덧붙인다. 1950년대 알제리 민족해방전선 소속의 여성 대원들이 프랑스의 통치에 반대하는 시위를 벌이는 동안 카페와 극장에 폭탄을 터뜨린 것을 보고 많은 사람들이 큰 충격을 받았다. 여성이나 소녀를 자살 폭탄 테러자로 기용한다는 생각은 특히 많은 사람을 혼란에 빠뜨렸다. 그 동기가 무엇이었을까? 그들은 어떻게 그 사상을 주입받았을까? 이러한 질문을 남성에게 하는 일은 거의 없다. 그것은 마치 테러와 자살의 임무는 젊은 남성에게만 해당되는 산물인 것처럼 생각해 왔기 때문이다. 사람들은 여성을 대부분은 어머니나 아내로, 가끔은 테러의 원인을 진지하게 고민하는 자로 이해하였다. 여성이 차지하는 가장 널리 알려진 역할은 희생자였으니, 그것은 공공장소에 대한 무차별 공격으로 인한 피해자로, 강간이나 육체적 희롱과 같은 특별한 목표물로서였다. 테러에 반대하는 행동을 부르짖을 때, 사람들은 보통 처절한 보복을 해야 한다는 이유로 '무고한 여성과 어린 아이들'의 죽음을 상기시킨다.

　그렇지만 사실 테러 집단에서 여성이 지도자와 전사의 역할을 맡은 예는 드물지 않다. 레일라 칼레드(Leila Khaled, 팔레스타인해방대중전선의 대원 출신으로 팔레스타인 국가위원회Palestinian National Council 의원이다. 옮긴이)는 국제적으로 명성을 얻었는데, 1969년 로마발 아테네행 티더블유에이TWA 항공기 납치 사건에서 보여 준 냉철한 우아함으로 인해 사람들의 본보기가 되었다. 팔레스타인해방대중전선을 위해 그녀가 수행한 첫 번째 임무인 이 사건은 모든 인질을 전혀 다치지 않은 상태로 전원 풀어 준 것으로 끝났다. 1977년 마요르카 발 프랑크푸르트행 루푸트한자 항공기를 납치한 네 명의 팔레스타인 범인 가운데 둘은 여성이었다. 인질범들은 돈과 독일에 수감되어 있는 적군파의 석방을 요구하였다. 독일의 테러 진압 특공대가 모가디슈에서 진압 작전을 펼치면서 그 가운데 한 여성 인질범은 사살되었고, 다른 한 명은 부상당했다.

적군파 지도자 가운데는 여성 지도자가 둘이나 있다. 울리케 마인호프 Ulrike Meinhof와 구드룬 엔슬린Gudrun Ensslin이 바로 그들이다. 유럽과 북아메리카의 좌익 테러 조직 가운데도 뛰어난 여성 지도자가 있다. 그 가운데 많은 사람들이 대학 운동가 출신이고, 테러에 관계되는 다른 조직의 대원들과 가족적 유대 관계를 맺고 있는 경우도 많다.

▶출처―『테러의 사회학과 심리학: 누가 그리고 왜 테러리스트가 되는가?The Sociology and Psychology of Terrorism: Who Becomes a Terrorist and Why?』, 미국 의회 도서관, 워싱턴, 1999년 9월

▶테러 운동은 가끔 여성 조직원 충원에 중점을 두기도 한다. '타밀호랑이'는 자살 폭발을 감행할 사람으로 많은 여성을 모으고 있다. 팔레스타인의 세속 집단인 알-아크사 순교여단은 다른 어떤 종교 집단보다 이스라엘에서의 자살 임무에 여성을 더 많이 보내고 있다.

미국의 '웨더언더그라운드'의 열성 대원인 로빈 모간Robin Morgan은 자신이 접한 조직 내에서의 남성 지배를 반대했다. 자신이 겪은 경험과 테러에 대한 공부를 통해 로빈 모간은 '테러의 중심 매듭'은 '폭력, 에로티시즘 그리고 남성성의 만남에 있다.'고 결론지었다. 테러에 반대하는 모든 행동이 성공을 거두기 위해서는 폭력적이고, 단일한 마음을 가지고 있으며, 자기 스스로를 통제하고 희생하는 영웅이나 순교자가 되려는 것과 같은 생각을 벗어 던져야 한다고 했다. 모간은 말하기를, 여성도 물론 이런 매력 안으로 들어올 수가 있고, 의지에 따라 테러리스트에 대한 도움을 주는 사람이 되거나, 지지자가 되거나 연인이 될 수 있다고 했다. 로빈 모간 외에도 여성은 자비심을 가지고 있고, 애국심으로 충만한 폭력과 테러에 반대하는 활동을 하고자 하는 야망을 가지고 있다고 믿는 사람들은 또 있다. 예를 들어 북아일랜드의 여성평화

운동Women's Peace Movement, 이스라엘과 팔레스타인의 검은여성Women in Black, 페루의 여러 어머니회는 모두 테러를 포함한 모든 폭력 갈등의 종식을 위해 일하고 있다.

▶출처—로빈 모간Robin Morgan, 『악마를 사랑하는 자—테러의 뿌리*The Demon Lover—The Roots of Terrorism*』, New York: Washington Square Press: 2001, p. xvi

▶미국 정부 관리가 발견한 사실에 의하면, 어떤 수감 중인 알-카에다 용의자에게 여성 심문자를 보내 조사를 하고자 하면 그 용의자는 일체 협조를 하지 않는다.

▶출처—에릭 슈미트Eric Schmitt, '그들이 입을 열게 할 방법이 있다There Are Ways to Make Them Talk', *New York Times*, 2002년 6월 16일.

▶알제리에서 여성 권리 수호를 위한 모임에서 대표를 맡고 있는 조리아 샤르파이Zoria Sharfaei는 테러리스트에 의해 강간을 당한 여성의 수가 5천 명에 달한다고 발표했다. 통계에 의하면 1994년부터 1997년 사이에 1,313명이 강간당했고, 1997년에는 2천 명이 넘는 사람이 납치되어 죽었다. 정부가 테러리스트에 의해 강간당한 여성을 돌보기 위한 센터를 처음 연 것은 1998년이었다.

▶출처—http://www.arabicnews.com, 2000년 2월 26일, 1998년 10월 19일.

NO-NONSENSE

테러에 대한 법 제정—인도

국가 안보에 대한 관심이 고조되고 파키스탄과의 관계가 악화되고 카슈미르를 비롯한 여러 곳에서 폭력 사태가 자주 발생하면서, 인도 정부는 테러방지법

(Prevention of Terrorism Ordinance, POTO)을 도입하였다. 이 법은 지금은 시효가 만료된, 1985년에 정치적 반대자와 소수 집단에 대한 구금과 고문을 촉진시킬 수 있게 한 '테러와 분열 행위 (방지)를 위한 법(Terrorism and Disruptive Activities (Prevention) Act, TADA)'을 수정한 것이다. 테러방지법은 2001년 10월 24일 대통령 서명에 의해 법으로 제정되었는데, 6주 동안 효력을 발생하였다. 이것은 인도 의회의 겨울 회기 동안 법안 형태로 도입되었다가 3월 27일에 법으로 통과되었다.

'테러와 분열 행위 (방지)를 위한 법'으로 수만 건의 정치적 구금과 고문, 인권 유린이 자행되었는데 주로 1980년대와 1990년대 초기의 무슬림, 시크교도, 달리뜨dalit(불가촉천민들이 자신들의 사회적 피압박 상태를 강조하면서 스스로를 부른 용어. 옮긴이), 노동조합 활동가, 정치적 반대자를 향한 것이었다. 이 법에 대한 반대가 들끓자 인도 정부는 이 법을 남용했음을 인정하고 결국 1995년에 이 법을 폐기하였다. 시민단체, 언론인, 야당, 소수자 권리 운동 집단, 인도 국가인권위원회가 이구동성으로 '테러와 분열 행위 (방지)를 위한 법'을 비난하였다.

현재 발효 중인 테러방지법은 테러를 더 넓은 개념에서 설명하고 있는데, 그 안에는 '인도의 단일성과 통합을 위협하고자 하는 혹은 국민의 어느 부분에라도 테러를 일으키고자 하는 의도'를 가지고 수행한 필수적 업무의 폭력과 분열 행동을 포함하고 있다. 이러한 법이 처음 도입되었기 때문에 정당한 절차의 권리를 보호하기 위하여 정부는 약간의 부가적 보호 장치를 추가하였다. 그렇지만 테러방지법을 비판하는 쪽에서는 그 보호 장치라는 것이 충분하지 못하고 현재 있는 법으로도 테러의 위협을 얼마든지 다룰 수 있다는 점을 강조하고 있다. 테러방지법이 의회에서 승인을 받은 직후 미 국무부 대변인인 리차드 바우처Richard Boucher는 이 법안은 '헌법의 테두리 내에' 있고, 인도는 '민주주의 원칙과 합치하는' 방법으로 테러와 싸우는 법적 체제를 강화하였다고 밝혔다.

▶출처-인권감시Human Rights Watch,
  http://www.hrw.org/campaigns/september11/opportunismwatch.htm

테러에 대한 법 제정—이집트

9·11 직후 이집트 수상 아테프 아베이드Atef Abeid는 인권 운동가들이 고문과 불공평한 재판에 관해 모은 보고서를 언급하면서 "테러리스트들에게 '인권'을 주도록 요구하는" 것에 대해 크게 비웃었다. "뉴욕과 버지니아에서 자행된 끔찍한 범죄 후에, 서구 국가들은 이집트가 겪는 싸움과 공포를 자신들의 모델로 생각해야 한다." 이집트의 보안군은 9월 20일에 파리드 자흐란Farid Zahran을 체포하여 혐의 없이 15간 구금하였다. 이로 인해 그가 일익을 담당한 팔레스타인과 이스라엘 충돌 1주년 시위에서 미국과 긴밀한 유대 관계를 가지고 있는 정부에 대한 비판 수위가 높아질지 모른다는 점은 분명히 두려워하고 있다. 또 정부는 거의 3백 명에 달하는 이슬람 용의자를 별개의 최고 군사 법정 세 곳에 회부하도록 명령하였다. 정부는 그들이 민간인이라는 사실에 개의치 않았다. 피고 측 변호사에 따르면, 몇 년 동안 수많은 사람들이 재판 없이 수감되었다. 이어 미 국무부 장관 콜린 파월Colin Powell은 "이집트의 반테러 전술에서 배울 것이 많다."고 말했다. 파월은 그러한 전술이 비폭력에 입각한 비판을 탄압하는 데도 사용되고, 긴급조치도 포함하고 있다는 점이나 재판 없는 구금이나 민간인을 군사 재판에 회부하는 것 따위에 대해서는 별로 개의치 않았다. "이 문제에 대해서 이집트는 진실로 우리보다 앞서 있다."고 파월은 말했다. 12월 16일 대통령 무바라크Mubarak는 미국의 새 정책은 "우리가 처음부터 군사 법정을 포함한 모든 수단을 동원한 것이 옳았다는 것을 보여 주고 있다."고 역설했다. 이집트 인권에 대한 가장 최근의 보고서에 의하면, 국무부는 이집트의 군사 재판소가 "독립 사법 앞에서 공정한 재판을 받을 피고의 권리를 침해하고 있다."고 판정했다고 한다. 무바라크는 "9·11 사건은 이 사건이 발발하기 전에 서구 국가들이 지켜 오던 민주주의의 개념, 특히 자유와 개인에 관한 것과 전혀 다른 새로운 개념을 만들어 냈다."고 하는 데 아무런 이견이 없을 것이라고 말했다.

▶출처─인권감시Human Rights Watch,
    http://www.hrw.org/campaigns/september11/opportunismwatch.htm

■ 1장

1. Kevin Toolis, 'Where suicide is a cult', *The Observer*, 16 December, 2001.

2. Adapted from Marcus Gee, 'The Dirty War's Dirtiest Soldier', *The Globe and Mail*, 10 June 2002 which cites 'Nunca Mas' the official report on the crimes of Argentina's Dirty War.

3. Daniel Howden, 'Found: the smoking gun that leads to a 'phantom' terror gang', *The Independent*, 3 July 2002. (http://news.independent.co.uk/europe/story.jsp?story=311430).

4. Amnesty International online.
 (http.www.amnesty.org/ailib/intcam/cemexico/salvador.htm)

5. Orphan Pamuk, 'The Anger of the Damned', *New York Review of Books*, 15 November 2001.

6. Jean Baudrillard, 'L'esprit du terrorisme', *Le Monde*, 3 November 2001.

7. 부시가 백악관 웹사이트(http://www.whitehouse.gov/news/releases/2001/09/)를 인용함.

8. Noam Chomsky, *9-11* (New York: Seven Stories Press, 2001).

9. Jeffrey C Goldfarb, 'Losing Our Best Allies in the War on Terrorism'. *New York Times*, 20 August 2002.

10. Lee Harris, 'Al-Qaeda's Fantasy Ideology', *Policy Review*, no.114(August and September 2002).

11. Hannah Arendt, *The Origins of Totalitarianism*, 2nd ed. (Cleveland: World Publishing Company, Meridian, 1958).

12. National Security Archive, Foreign Relations of the United States, 1964-68 Volume Ⅹ ⅩⅥ. (http://www.fas.org/sgp/advisory/state/NSAEBB52/NSAEBB52.html).

13. Boaz Ganor, 'Defining Terrorism: Is One Man's Terrorist Another Man's Freedom Fighter?' The International Policy Institute for Counter-Terrorism, 23 September 1998. (http://www.ict.org.il/).

14. Jorge Nef, 'Terrorismo: Pol?tica del Miedo'. *Relaciones Internacionales*, no.7 (1984): 77-86.

15. For a Critical view of the experts see: Edward S Herman and Gerry O'Sullivan, *The*

'Terrorism' Industry the Experts and Institutions That Shape Our View of Terror (New York: Pantheon Books, 1989).

■ 2장
───

1. Brian Whittaker, *The Guardian*, 4 March 2002.
2. Ann Hansen, *Direct Action: Memoirs of an Urban Guerrilla* (Toronto: Between the Lines, 2001).
3. *The Hindu*, 27 November 2001.
4. *Kuala Lumpur Declaration on International Terrorism*, Session of the Islamic Conference of Foreign Ministers on Terrorism, 1-3 April 2002.
5. Amin Maalouf, *Samarkand* (London: Abacus, 1994), 118.
6. David Rapoport, 'Fear and Trembling: Terrorism in Three Religious Traditions', *American Political Science Review 78*, no.3 (September 1984): 658-77.
7. Michael Bray, *A Time to Kill: A Study Concerning the Use of Force and Abortion* (Portland, Oregon: Advocates for Life, 1993).
8. Jon Ronson, 'Conspirators', *The Guardian*, 5 May 2002.
9. Rosa Ehrenreich, *The Scars of Death: Children Abducted by the Lord's Resistance Army in Uganda*, Human Rights Watch, New York, 1997.
10. John L Esposito, *Unholy War: Terror in the Name of Islam* (New York: Oxford University Press, 2002), 52-53.
11. Pervez Amir Ali Hoodbhoy, 'How Islam Lost Its Way', *The Washinton Post*, December 30, 2001.
12. Gilles Kepel, 'The Trail of Political Islam', *OpenDemocracy.Net*, 3 July 2002.
13. Ze'ev Schiff and Ehud Yaari, *Intifada: The Palestinian Uprising - Israel's Third Front* (New York: Simon and Schuster, 1989), iv.
14. BBC 28 November 1999.
15. 'Red Brigades', International Policy Institute for Counter-Terrorism (www.ict.org.il)
16. Ely Karmon, 'Right-Wing Terrorism on the Rise', International Policy institute for Counter-Terrorism, 12 August 1999.
17. US State Department, *Patterns of Global Terrorism-2001*, 21 May 2002.

3장

1. Elizabeth A Fenn, 'Biological Warfare in Eighteenth-Century North America: Beyond Jeffery Amherst', *Journal of American History 86*, no. 4 (March 2000): 1554-58.

2. Olivier Le Cour Grandmaison, 'Liberty, equality and colony', *Le Monde Diplomatique* 11 July 2001.

3. Robert Putnam, 'Bowling Alone', *Journal of Democracy 6*, no. 1 (January 1995).

4. Robert Parry, 'Lost History: 'Project X' and School of Assassins', The Consortium of Independent Journalism (www.consortiumnews.com).

5. Christine Toomey, 'The Killing Fields', *Sunday Times Magazine*, 18 November 2001.

6. Rajsoomer Lallah, *Situation of Human Rights in Myanmar* (United Nations Economic and Social Council, Commission on Human Rights, 2000).

7. Ben Kiernan, *The Pol Pot Regime: Race, Power, and Genocide in Cambodia Under the Khmer Rouge, 1975-79* (New Haven: Yale University Press, 1996).

8. Human Rights Watch, *Leave None to Tell the Story: Genocide in Rwanda* (1999).

9. Norm Dixon, 'New evidence: apartheid terror ordered from the top', *Green Left Weekly*, no. 344 (9 June 1996).

10. Saul Landau, 'A Double Standard on Terrorism', *In These Times*, 4 March 2002.

11. US Department of Justice, Federal Bureau of Investigation, 'Cuban Anti-Castro Terrorism', Washington DC 20535, 16 May 1990.

12. William Blum, *The CIA: A Forgotten History* (London: Zed Books, 1986).

13. 'The CIA in Iran', *The New York Times on the Web* (www.nytimes.com/library/world/mideast/041600iran-cia-chapter2.html).

14. William Blum, *The CIA: A Forgotten History* (London: Zed Books, 1986).

15. Federation of American Scientists (www.fas.org).

16. Donald N Wilber, *Clandestine Service History: The Overthrow of Premier Mossadeq of Iran November 1952-August 1953* (Washington, DC: CIA, 1969), Appendix E: Military Critique - Lessons Learned from TPAJX re Military Planning Aspects of Coup d'Etat, p. 19.

17. National Security Archive Electronic Briefing Book No. 11, US Policy in Guatemala, 1966-1996 (www.gwu.edu/~nsarchiv).

18. US government, 'CIA Activities in Chile', September 18 2000. (www.cia.gov/cia/publications/chile/#15).

19. Ahmed Rashid, 'They're Only Sleeping', *The New Yorker*, 11 February 2002.

4장

1. RG Frey and Christopher W Morris, *Violence, Terrorism, and Justice*, edited by RG Frey, Cambridge Studies in Philosophy and Public Policy.(Cambridge: Cambridge University Press, 1991).

2. Frantz Fanon, *The Wretched of the Earth*, (New York: Grove Press, 1963).

3. Barrington Moore, Jr., *Social Origins of Dictatorship and Democracy: Lord and Peasant in the Making of the Modern World* (Boston: Beacon Press, 1966).

4. For citation sources see Robert Kaplan, 'Looking the World in the Eye', *Atlantic Monthly*, December 2001.

5. Edward Herman and Gerry O' Sullivan, *The 'Terrorism' Industry: The Experts and Institutions That Shape Our View of Terror* (New York: Pantheon Books, 1989). The most useful part of the book is the detailed catalogue of state terrorism and the connections with US governments agencies as well as the identity, funding and orientation of the long list of research institutes that specialize in terrorism.

6. Chalmers Johnson, *Blowback: The Costs and Consequences of American Empire* (New York: Henry Holt, 2000).

7. Presidential Debate at Wake Forest University 11 October 2000.

5장

1. Defense and National Interest DNI, Atlanta, Georgia, www.d-n-i.net.

2. Lawrence Wright, 'The man behind bin Laden', *The New Yorker*, 22 September 2002.

3. 'Exclusive' comments by Abimael Guzm?n', *World Affairs* 156 no.1 (Summer 1993) p. 52.

4. *The Sociology and Psychology of Terrorism: Who Becomes a Terrorist and Why?* (Library of Congress, September 1999).

5. www.prisonexp.org.

6. Jonathan Raban, *The Guardian*, 11 December 2002.

7. Susan Schmidt and Douglas Farah, 'Six Militants Emerge From Ranks to Fill Void', *Washington Post*, 29 October 2002, p A01.

The CIA—A Forgotten History, William Blum (London—Zed Books, 1986)

The Culture of Terrorism, Noam Chomsky (Toronto—Between the Lines, 1988)

Global Terrorism—the Complete Reference Guide, Harry Henderson (New York—Checkmark Books, 2001)

Inside Terrorism, Bruce Hoffman (New York—Columbia University Press, 1998)

Terror and Taboo—The Follies, Fables, and Faces of Terrorism, Joseba Zulaika and W.A. Douglas (New York—Routledge, 1996)

Terror in the Mind of God, Mark Juergensmeyer (Berkeley—University of California Press, 2001)

The 'Terrorism' Industry—The Experts and Institutions That Shape Our View of Terror, Edward S Herman and Gerry O' Sullivan (New York—Pantheon Books, 1989)

The Terrorism Reader, David J Whittaker, Editor (London—Routledge, 2001)

Terrorism Versus Democracy—The Liberal State Response, Paul Wilkinson (London—Frank Cass, 2001)

The Ultimate Terrorists, Jessica Stern (Cambridge, MA—Harvard University Press, 1999)

Unholy war—Terror in the Name of Islam, John L Esposito (New York—Oxford University Press, 2002)

Violence, Terrorism, and Justice, edited by RG Frey (Cambridge New York—Cambridge University Press, 1991)

■ 국제기구

1. The alternative Information Center

주소 POB 31417, Jerusalem 91313, Israel

www.alternativenews.org/

2. Amnesty International

주소 99-119 Rosebery Avenue London EC1R 4RE, UK

www.amnesty.org/

3. CAIN Webservice

Conflict Archive on the internet

cain.ulst.ac.uk/cainbgn/index.html

Sources on the Northern Ireland conflict

4. The International Policy Institute for Counter Terrorism (ICT)

www.ict.org.il/

5. The International Rehabilitation Council for torture Victims

주소 Borgergade 13 PO Box 9049 DK-1022 Copenhagen Denmark

www.irct.org/

6. Peace Brigades International

주소 Unit 5, 89-93 Fonthill Rd London N4 3HT, UK

전화번호 +44-(0)20-7561-9141 팩스 +44-(0)20-7281-3181

전자우편 nfo@peacebrigades.org

www.peacebrigades.org/

7. Project Disappeared

Piedras 153 1Aa, c.p.1070 Capital Federal Republica Argentina

전화번호(팩스) +54-11-4343-1926 5745

http://www.desaparecidos.org/arg/eng.html

8. The Terrorism Prevention Branch

www.undcp.org/odccp/terrorism.html

■ 캐나다

1. Canadian Centre for Victims of Torture

주소 194 Jarvis Street 2nd Floor Toronto, Ontario Canada M5B 2B7

www.icomm.ca/ccvt/

■ 미국

1. Center for Defense Information

주소 1779 Massachusetts Avenue, NW, Suite 615 Washington, DC 20036-2109

www.cdi.org/

2. Federation of American Scientists

주소 1717 K St, NW, Suite 209 Washington, DC 20036

www.fas.org/terrorism.index.html

3. Human Rights Watch

주소 350 Fifth Avenue, 34th Floor New York, NY 10118-3299

www.hrw.org/

4. The National Security Archive

www.gwu.edu/~nsarchiv/

5. Southern Poverty Law Center

주소 400 Washington Avenue Montgomery, Alabama 3604

www.splcenter.org/

6. US Department of State Counter-terrorism Office

www.state.gov/s/ct/

7. Women in Black

www.womeninblack.net/

8. ZNet

주소 18 Millfield street, Woods Hole, MA 02543

www.zmag.org/ZNET.htm

■책

해적과 제왕 : 국제 테러리즘의 역사와 실체

노엄 촘스키 지음, 지소철 옮김, 황소걸음

촘스키는 이 책을 통해 권력의 본질을 고발한다. 부유하고 힘 있는 자들이 자기가 가진 것들을 지키기 위해 폭력과 테러를 쓰고 있는 현실에 대한 강력한 비판서다. 국제 테러리즘이 극심했던 1980년대에 쓴 글과 최근의 9·11 테러에 이르기까지, 유럽과 동남아시아, 남미 등에서 벌어진 권력의 만행을 밝히고 있어 제국주의 비판 정신을 집대성한 책이라는 평을 받고 있다. 이 책 한 권으로 테러리즘의 역사와 실체를 구체적으로 확인할 수 있다.

권력과 테러

노엄 촘스키, 양철북

9·11 테러 이후 촘스키가 행했던 수많은 대중 연설 가운데 두 개 강연과 한 개 인터뷰를 옮겨 놓은 책이다. "이런 이야기는 역사책에 나오지 않습니다. 아무도 알 수가 없습니다. 따로 연구하지 않는다면 영원히 알 수 없을 것입니다." 헌사에 적힌 대로, 촘스키가 전해 주는 테러와 권력의 관계는 주류 언론이 외면하고 있었던 것이기도 하다.

김영사에서 나온 『촘스키, 9·11 : 뉴욕 테러와 미국의 무력 대응에 대한 비판과 분석』과 함께 읽으면 좋다.

테러리즘의 문화

노엄 촘스키 지음, 홍건영 옮김, 이룸

'이란-콘트라 사건'을 중심으로 테러의 실체에 대해 이야기하고 있는 책이다. 자유 수호와 테러 근절을 명분으로 행해졌던, 반테러 개입과 반테러 전쟁의 허구성과 이중성을 밝히고 있다. 1980년대 후반에 출판된 책이기는 하지만, 미국의 기만과 이중성, 조작이 널리 드러났던 사건을 통해, 테러를 응징한다고 했던 미국이 테러 국가들에 어떻게 무기를 팔고 있었는지, 미국 정부가 어떤 이해관계에 따라 움직이는지를 확인할 수 있다.

테러리즘과 세계 정치

예브게니 프리마코프 지음, 김석환 옮김, 랜덤하우스중앙

러시아연방의 전 총리였던 국제정치의 거물 프리마코프가 테러리즘과 중동 문제에 대해 심도 있는 분석을 해 놓았다. 2002년 말에 9·11 사태에 관한 초판이 출간되었다가 미국의 이라크 침공 이후 러시아 국경 근처의 분쟁 상황에 대한 장을 추가하여 증보판을 새로 내놓았다. '테러리즘의 근원은 꾸란에 있지 않다' '이슬람의 공격성-신화인가 현실인가' 따위로 테러리즘과 세계 정치의 연관성에 대해 잘 풀어 놓았다.

모던 지하드 : 테러, 그 보이지 않는 경제

로레타 나폴레오니 지음, 이종인 옮김, 시대의창

테러를 경제의 관점에서 바라본 보고서다. 테러 단체들이 무기를 구입하는 자금을 어디서 얻는지를 추적하고, 테러 조직들과 연결된 경제 조직들의 실체를 밝혀냈다. 미국과 소련이 테러 단체들과 어떻게 연결되어 있는지, 강대국이 테러를 어떤 식으로 키워 왔는지 써 놓았다. 가난한 나라들이 테러의 중심지가 된 까닭을 밝히고, 테러 경제의 규모가 얼마나 엄청난지도 확인할 수 있게 했다.

제국의 오만 : 미국은 왜 테러와의 전쟁에서 질 수밖에 없는가

미 CIA 테러분석가 지음, 황정일 옮김, 랜덤하우스중앙

미 중앙정보부의 현직 간부가 쓴 책이다. 오사마 빈 라덴을 추적하는 부서의 책임자로 있었던 사람이 이라크 침공을 두고, '성급하고 탐욕스런 전쟁'이라고 비판해 미국에서 큰 화제가 됐다. 미국이 이슬람과 싸우면 싸울수록 끝없이 수렁에 빠져들 수밖에 없는 까닭을 밝히고 있다.

거룩한 테러 : 9·11 이후 종교와 폭력에 관한 성찰

브루스 링컨 지음, 김윤성 옮김, 돌베개

9·11 테러의 근본 원인과 종교 세력의 갈등을 이해하는 데 도움이 될 책이다. 지은이는 부시와 빈 라덴이 종교의 이름으로 무지막지한 전쟁과 끔찍한 테러를 어떻게 정당화했는지를 구체적으로 보여 준다. 9·11 당시 비행기 납치범들이 소지했던 지령서, 부시와 빈 라덴의 연설 같은 여러 텍스트를 연구하면서, 서로를 적대시하는 두 세력이 얼마나 비슷하게 폭력을 정당화했는지를 분석한다.

탈리반 : 아프가니스탄의 종교와 전쟁

피터 마스던 지음, 아시아평화인권연대 옮김, 박종철출판사

서양과 이슬람의 관계, 이슬람 세계의 움직임과 아프가니스탄 내부 운동의 관계, 소련 침공에 대해 보인 아프가니스탄 사람들의 반응 등을 통해 탈리반이 생겨난 까닭을 밝히고 그 역할과 정의에 대해 고찰하는 책이다. 오늘날의 이슬람 사회를 이해하는 데 도움이 될 책.

호텔 르완다

테리 조지 감독, 2004년

1994년 당시 백만 명 이상의 사상자를 냈던 아프리카 르완다 내전을 배경으로 한 영화다. 후투 족과 투치 족의 평화 협정 직후에 르완다의 대통령이 암살당하고, 후투 족 자치군은 손에 칼과 도끼를 들고 투치 족을 살해하기 시작했다. 르완다 수도의 최고급 호텔 '밀 콜린스'의 지배인으로 일하다, 내전이 발생하자 호텔에 1천 명 이상의 난민을 피신시켜 대량학살에서 구해 낸 실존 인물 폴 루세사바기나의 실화를 그렸다. 세계가 외면한 인종 학살에서 그가 구해 낸 사람은 모두 1,268명이었다.

보리밭을 흔드는 바람

켄 로치 감독, 2006년

1920년대 초반 아일랜드를 배경으로, 영국의 차별과 박해에서 조국을 독립시키려는 전쟁에 나선 두 형제의 비극을 그린 영화다. 영국 군대의 횡포를 확인한 젊은 의사 데미언은 런던의 병원에 일자리를 얻어 놓고도 결국 아일랜드 독립을 위한 게릴라 투쟁에 나서게 된다. 독립 활동을 함께 했던 형제의 반목, 대의를 위해 아끼던 동생을 총살해야 하는 끔찍한 사건들이 이어진다. 영국과 평화 조약을 맺은 뒤에는 아일랜드 독립군 안에 생긴 내부 갈등 역시 현실적으로 보여 주고 있다.

뮌헨

스티븐 스필버그 감독, 2005

1972년 뮌헨올림픽에서 벌어졌던 '검은구월단' 사건을 영화로 만들었다. 이스라엘의 '모사드'가 '검은구월단'에 보복하기 위해 꾸린 암살팀이 목표물을 제거해 나가는 동안 임무와 정당성 사이에서 고민하는 모습이 잘 그려져 있다. 테러범을 쫓다가 다시 테러의 표적이 되는 동안 살해에 대한 죄책감으로 고민하는 청년들의 갈등을 보여 주고 있다.

칸다하르

모흐센 마흐말바프 감독, 2001년

아프가니스탄의 칸다하르로 여동생을 찾아가는 저널리스트의 눈으로 본 아프가니스탄의 아픈 현실을 담은 영화다. 감독이 목숨을 걸고 만든 작품으로, 실제로 스텝 중 일부가 촬영 중 사망하기도 했다는 것으로 널리 알려지기도 했다.

주인공 나파스는 탈레반이 전쟁을 일으켰을 때 캐나다에 망명한 아프가니스탄 언론인이다. 아프가니스탄에 남아 있는 여동생에게 편지를 받고 칸다하르에 있는 여동생을 위해 이란과 아프가니스탄 국경을 넘을 결심을 한 나파스. 여동생에게 돌아가는 동안 절박한 상황에 놓인 수많은 아프가니스탄 난민들을 만나게 되는 모습을 담았다. 영화의 시선이 따뜻하고 정확하여 아프가니스탄에 대한 애정을 불러일으키는 영화.

바벨

알레한드로 곤잘레스 이냐리투 감독, 2006년

수잔과 로버트 부부는 셋째 아이가 죽은 뒤 모로코로 여행을 왔다. 이들이 탄 버스에 양치기 남자의 아들이 장난으로 쏜 총알이 날아들고, 어이없이 총에 맞은 수잔을 구하기 위한 로버트의 고군분투가 이어진다. 이 사건이 테러리스트의 소행이라고 알려지는 과정과 지구 반대편의 일본에 사는 총의 원래 주인, 멕시코 가정부 아멜리아의 이야기까지 겹치면서 소통 불능에 대한, 현대인의 삶의 기준에 대한 통찰을 만날 수 있다.

"우린 생각에 대한 '경계' 대신 지역에 대한 '경계'에 대해서만 얘기한다. 내가 생각하기에 진정한 경계란 우리 안에 존재하는 것이다."라는 감독의 말이 영화의 주제를 알게 한다.

폭력이 일상화된 세상에 살면서

근대가 가고 있다. 전적으로 다 떠나갈 수는 없지만, 우리의 세계를 그동안 지탱해 온 여러 가지 의미 있는 축이 무너져 가고 있는 것이 사실이다. 체계적이고 합리적이며 과학적이고 효율적인 세계보다는 때때로 비체계적이고 비합리적이며 비과학적이고 비효율적인 세계가 더 좋을 때도 있다. 빠름보다는 느림이 좋고, 다수의 행복도 중요하지만 소수의 불행을 헤아려 주는 것이 더 의미 있는 일일 것이리라고 생각하는 사람들이 부쩍 늘어나 있는 것 또한 그런 흐름을 반영하는 것이리라. 그런 의미에서 역사를 전공하는 학자로서 다수의 기쁨보다는 소수의 슬픔에 대해 관심을 가지게 되었다.

그러던 가운데 2006년을 맞았다. 그리고 그 2006년은 역사학자인 나에게 폭력이 구체적 화두로 자리 잡은 계기가 된 해였다. 당시 나는 교수협의회 의장으로 새 총장을 선출하는 일을 여러 주체 가운데 하나로 진행하고 있었다. 많은 경우에 보아 왔듯 대학에서의 총장 선출은 그 정당성에도 여러 주체 간에 의견 충돌이 일어나고 그 과정에서 갈등이 표출되곤 한다. 갈등이라는 것은 민주주의 사회에서 조정과 타협으로 해결되기도 하지만 때로 폭력으로 몰고 가기도 한다. 우리 대학에서 내가 당한 사건도 결국 그러한 폭력의 결과였다. 총학생회 간부 학생들이 내 연구실을 각목과 못으로 폐쇄시킨 것이다. 그 일에 있어서 누가 옳고 누가 그른지에 대해서는 당시나 지금이나 언급하고 싶지도 않고 내 입장을 강변하고 싶지도 않다. 문제는 대학 캠퍼스 내에서 어떤 종류의 문제로 인하여 한 개인이 특정 집단에 의해 백주에 폭력을 당했다는 사실이다. 사건이 일어난 후 난 스스로를 강간당한 자로 규정하여 왔다. 쳐다보고만 있던 주변이나, 피해자를 잠재적 원인 제공자로 보는 시각이나, 상당히 오랜 기간 동안 정신적 충격에서 벗어나지 못한 것이나 그 여파가 지금까지도 여전히 남아 있는 것이 강간과 유사하다고 생각해 왔기 때문이다.

그 폭력은 그동안 내게 학문적 이론의 관심사로만 머물러 있던 '폭력'을 구체적이고 실질적인 실체로서의 연구 관심사로 옮겨오게 하였다. 그 일 직후 나는 1947년 인도의 역사적 공간에서 발생한 폭력에 대해 작은 연구 하나를 시작했다. 1947년은 인도가 영국의 식민 지배에서 벗어난 독립의 해로 알려져 왔고 나 또한 별 의심 없이 그렇게 의미 부여를 해 왔다. 그렇지만 많은 사람들이 독립의 열광에 취해 있을 때 인도의 일부에서는 (그 '일부'는 시간이 지나면서 '전부'가 되어 버린다.) 민족과 국가가 분리되고 그로 인한 광란의 살육이 비참하고 참혹하게 자행되었다. 새 국가가 종교를 기준으로 만들어지면서 많은 주민들이 본인의 의지와는 아무런 관계없이 인도에서 파키스탄으로, 파키스탄에서 인도로 옮겨 가야 했다. 천2백만 명이나 되는 사람들이 피난민이 되었고 그 과정에서 수백만의 사람들이 집과 재산을 잃었으며, 총으로 칼로 낫으로 살해당하고, 불에 타 죽은 사람들이 백만 명을 넘었다. 어디 그뿐이랴, 강간당한 여성은 지금도 그 수를 헤아리기가 불가능할 정도였고, 더욱 처참한 것은 그 강간이 비단 남의 편에 의해서만 이루어진 것이 아니었다는 사실이다.

그 일이 있은 후 오랜 기간 동안, 그들의 비극은 1980년 이후 오랜 동안 한국에서의 '광주'와 같이 강요당했다. 국가 전체가 앞을 보고 나아가기 위해 잊어버려야 하는 슬픈 사건으로 남았고, 소수가 겪은 일로 많은 다수를 위해 역사의 기록에서 사라지거나 기억에서 지워지기를 강요받았다. 현지 조사 인터뷰 중에 만난 대부분의 난민 1세들은 그러한 신화로 박제된 역사를 거부하고 싶었지만, 승자가 여전히 권력의 위치에 있는 현실 속에서 오랜 동안 숨죽이면서 살아 올 수밖에 없었다. 역사학자로서 폭력은 신념으로 (그것이 민족주의든 국가주의든 반제국주의든 종교공동체주의든 간에) 인해 발생하고, 그 신념은 일부 권력이 만든 신화라는 사실을 새삼스럽게 깨달았다.

그렇다, 문제는 신념이다. 신념이 이분법과 만날 때, 그 신념이 폭력을 낳는 경우가 많다. 그것은 상대방에 대한 이해가 우선되지 않은 채 남에게 강요하기 때문이다. 그것이 비록 사랑이고 정의이며 합리일지라도 강요라는 방편 안에서 이루어진다면 그것은 이미 사랑이나 정의가 아니요, 더 이상 합리가 될 수 없는 것이다. 그것은 단지 일방적인 계몽의 소산일 뿐이고 그 계몽은, 안타깝지만, 폭력과 전쟁 그리고 테러로 연결되는 경우가 많다. 결국 테러는 갈등의 해결이 이분법 위에서의 신념을 기반으로 하는 일방적인 방법으로 해결되는 문화가 만들어 낸 산물이다. 인간 세계는 다양하고, 그 다양성은 당연히 갈등을 낳게 되어 있다. 다만 우리가 해야 할 일은 그 갈등의 조정과 타협이다.

인도 현지 조사에서 돌아온 이후 나는 심각한 고민에 빠졌다. 고대사 전공자인 내가 인도 고대의 역사를 계속해서 연구해야 하는 것이 바람직한지, 크고 심각한 연구 화두로 떠오른 현대 사회의 폭력의 역사에 관한 연구를 하는 것이 바람직한지에 대한 고민이었다. '폭력'이 이처럼 내게 큰 화두로 자리 잡을 수 있었던 것은 내가 주변의 뜻을 같이 하는 몇 사람과 함께 만든 '아시아평화인권연대'의 활동과 맞물리면서 상승 작용을 하였다.

아시아평화인권연대는 2001년 9월 11일에 발생한 전대미문의 테러와 그 직후 미국 정부가 취한 아프가니스탄과 이라크에 대한 반테러 전쟁에 반대하며 반전과 평화를 기치로 삼고 만든 작은 비정부 단체다. 그 동안 몇 차례에 걸쳐 파키스탄과 아프가니스탄의 전쟁 난민들을 만나 보았고, 전쟁의 참상을 목격하였으며 평화를 위한 우리가 해야 할 최소한의 의무에 대해 고민해 왔다. 결국 나는 개인적으로 내 연구 분야인 인도 고대사 연구를 완전히 버리지는 못하겠지만, 시간과 능력이 닿는 대로 현대 사회의 폭력에 관한 연구에 더욱 매진하기로 했다. 그리고 그 중요한 방법으로 번역을 택하기로 했다. 좋은 책을 번역하여 세상에 널리 알리는 것은 실력이 부족한 내가 몇 편의 논문을 쓰는 것보다 더 유익하고 의미 있는 것일 수 있다고 생각하기 때문이었다.

그러던 중 이 책의 번역을 맡게 되었다. 번역을 하면서 몇 번의 희열을 느꼈다. 모르는 것을 알게 되고, 잘못된 시각을 바로 잡을 수 있어서 그러하기도 했지만, 이 책의 곳곳을 읽으면서 반전 평화 운동을 하는 활동가로서 반성을 하게 되어서도 그러하였다. 좋은 책을 번역하여 세상에 널리 알리게 해 준 이후출판사에 감사드린다.

책을 번역하던 중에 부친상을 당했다. 어른이 되어 가면서 누구나가 겪는 일이라고들 하지만 막상 당사자에게는 꼭 그렇지만은 않은 것 같다. 부친상을 당한다는 것이 아버지를 잃는다는 것인 줄 알았는데, 실은 어머니를 홀로 두고 떠나오는 불효를 하는 것임을 깨달았다. 이 책을 돌아가신 아버지를 생각하며 홀로 계신 어머니께 바친다.

2007년 7월
이광수

아시아평화인권연대를 소개합니다

아시아평화인권연대는 한국 사회가 아시아의 인권과 평화를 위한 넓은 시야와 인간과 자연에 대한 애정으로 올바른 인식과 실천이 필요하다는 것에 뜻을 모아 2003년 4월 창립했다. 전쟁 없는 평화로운 사회, 차별 없는 평등한 사회, 어린이들에게 희망을 줄 수 있는 사회, 기아와 문맹으로부터 벗어나는 사회, 자연과 더불어 살아가는 사회를 지향하며 전쟁과 가난으로 고통을 받는 아시아 지역의 전쟁 피해자를 지원하는 한편, 청소년들을 위한 평화인권교육을 활동의 주요한 축으로 삼고 있다.

2001년, '아프간 어린이에게 희망을' 이라는 이름으로 미국의 보복 공격으로 난민이 된 아프간 난민 캠프의 어린이 학교를 지원했고, 난민 캠프가 폐쇄된 후에는 아프가니스탄에서 가장 가난한 바미얀주 톱치 마을에 전쟁으로 남편을 잃은 여성들과 부모를 잃은 여자 어린이들을 위한 직업 훈련 비용 일체를 지원했다. 한국에서 일하다 사망한 두 파키스탄 이주노동자 자녀들의 학비를 지원하기 위해 '압둘에게 희망을' 이라는 장학 사업을 진행하고 있고 2005년부터는 캄보디아 지원 사업도 하고 있다. 2007년에는 '하루 1달러(천 원)로 한 가족에게 희망을' 사업을 시작해 한국의 가족과 캄보디아 가족이 자매결연을 맺도록 돕고 있다.

반전과 평화 교육도 하고 있으며 이주민에 대한 편견을 버리고 함께 더불어 살아가는 삶의 지혜를 배울 수 있도록 '청소년 인권학교' 를 열었고 '이주와 인권', '난민과 인권', '세계기념일과 인권', '영화로 알아보는 인권' 등의 프로그램을 진행하고 있다.

『탈리반』과 『의술은 국경을 넘어』를 번역했으며 『삶은 계속되어야 한다』, 『아시아와 친구하기』, 인권 동화책 『까이비간』을 출간했다. 또한 소식지 「함께 가는 세상」을 매월 발행하고 있다.

전화 051-818-4749 전자우편 sopra21@korea.com 홈페이지 www.sopra21.org

《아주 특별한 상식 NN-테러리즘》

테러리즘, 폭력인가 저항인가?

지은이 | 조너선 바커
옮긴이 | 아시아평화인권연대 이광수
펴낸이 | 이명회
펴낸곳 | 도서출판 이후
편집 | 김은주, 김진한
표지 · 본문 디자인 | Studio Bemine

첫 번째 찍은 날 | 2007년 7월 24일
두 번째 찍은 날 | 2008년 1월 31일

등록 | 1998년 2월 18일 (제13-828호)
주소 | 121-836 서울시 마포구 서교동 325-1 원천빌딩 3층
전화 | (대표) 02-3141-9640 (편집) 02-3141-9640 (팩스) 02-3141-9641

ISBN 978-89-88105-97-9 04300
ISBN 978-89-88105-93-1 04300 (세트)

이 도서의 국립중앙도서관 출판시도서목록(CIP)은
e-CIP 홈페이지(http://www.nl.go.kr/cip.php)에서 이용하실 수 있습니다.
(CIP제어번호: CIP 2007002120)

값 9,500원